W9-AZK-242

Profesor **Thomas Lin Yun**, Gran Maestro de la Secta Negra del Budismo Tántrico Tibetano, en el Cuarto Nivel, dedica un pensamiento a todos los lectores, escrito en caligrafía China y cinnabar, bendiciendo con un mudra sagrado..

"En el día lunar, Septiembre 9, 1997, dedicado con un ***sutra infinito*** al gran libro de mi amigo, Feng Shui, Armonía del Vivir, bendiciendo a todos los lectores con prosperidad, salud y protección..."

The Lin Yun Temple
2959 Russell Street, Berkely, CA 94705
510-841-2347 510-548-2621fax Website: www.yunlintemple.org

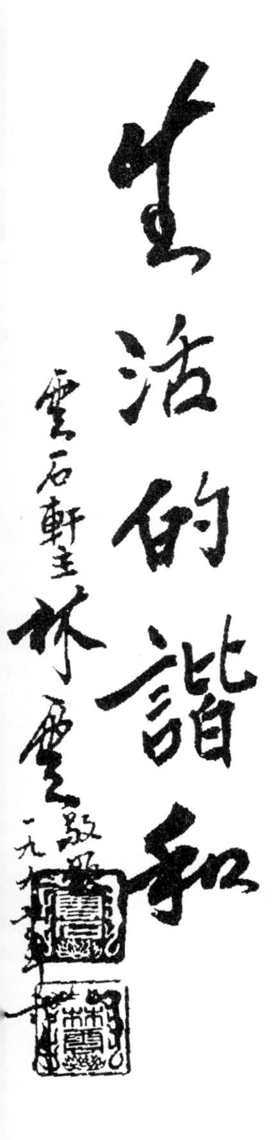

The Harmony of Living

PRÓLOGO

Muchos de mis buenos amigos y discípulos, que han estudiado y son expertos en el antiguo arte Chino del Feng Shui, a menudo me han dicho que si alguna vez publican un libro desearían fuese acompañado de mi escrito, o prólogo y caligrafía China como parte de las ilustraciones. Por supuesto, esta petición va más allá de la amistad y respeto que sienten hacia mí, como maestro. Por consiguiente, me emociona grandemente y complace cuando alguien me pide escribir un prólogo para su libro. Algunos, sin embargo, creen que un libro de Feng Shui con mi prólogo, epílogo o caligrafía China podría ayudar más en la promoción y venta de sus libros.

Hoy, cuando escribo este prólogo para el libro "Feng Shui, la Armonía del Vivir" de Juan M. Alvarez, me emociona profundamente el hecho que este libro se encuentra ya en su 5ta edición. El éxito alcanzado por este libro demuestra que su interesante contenido está escrito en lenguaje sencillo, fácil de comprender, y no necesita mi prólogo para su promoción y venta. Sin mi prólogo, este libro ha sido publicado cuatro veces en menos de un año, demostrando su excelencia didáctica. Le había prometido a Juan escribir un prólogo para su 1a edición, antes de su publicación. Comencé de hecho a preparar el prólogo, sin embargo, debido a mis actividades, soy propenso a leer el libro antes de comenzar la escritura de su prólogo. Debido a que el libro de Juan está escrito en Español, tuve que pedir que lo tradujeran al Chino. En aquel momento estaba viajando alrededor del mundo, enseñando Feng Shui en conferencias y seminarios en toda Europa, Asia, América y Australia. Como resultado, no pude terminar el prólogo a tiempo, para la 1a edición publicada en Abril, 1997. En su 2da publicación, mi amable y honorable amigo Juan, de nuevo, sincera y respetuosamente, me preguntó si podía escribir un prólogo para la nueva edición. Estuve de acuerdo, pero debido a mi agenda no pude terminar a tiempo para su publicación. En nuestra última reunión, Juan me informa que está listo para publicar la 4ta edición, y una vez más, respetuosamente, me preguntó escribir el prólogo. En ese momento le prometí terminar el prólogo al regreso al Monasterio en Long Island, después del extenso viaje realizado a Alemania, Francia, Suiza, e Inglaterra. La nobleza de corazón de Juan demuestra su sinceridad y respeto hacia mí, y también su espíritu paciente y persistente.

El libro "Feng Shui, la Armonía del Vivir" está escrito excelentemente, su información es genuina, es exacta, verdaderamente necesaria, y no ha requerido mi prólogo y caligrafía para mejorar su promoción y venta. Las cuatro ediciones del libro demuestran que su información es precisa, sustancial, y a la vez fácil de entender. La razón por que insisto en terminar este prólogo es por que entiendo profundamente que la intención por la cual Juan quiere que escriba este prólogo es debido a su sinceridad y respeto hacia mí, nuestra buena amistad, y el reconocimiento en su obra de la fuente original de las enseñanzas del Feng Shui. Por consiguiente, este prólogo no es para darle esplendor adicional al libro "Feng Shui, la Armonía del Vivir".

The background and development of Feng Shui

El autor, Juan M. Alvarez, ha participado en mis talleres, conferenci seminarios, además, ha estudiado profundamente los tres libros clásicos Feng Shui, escritos por Sarah Rossbach. Juan ha participado observaciones y análisis profundos de Feng Shui, así como en ofrenda incienso y ceremonias espirituales en China y Tibet. Nos acompañó e viaje a China organizado por el respetable Prof. Leo Chen. Durante viaje visitamos tierras, lagos, montañas famosas, templos, ciudades y lug sagrados, vinculados a la historia y orígenes del antiguo arte Chino del F Shui. Por esta razón, Juan no sólo posee el conocimiento teórico y prác del Feng Shui, con sus análisis y soluciones mundanas, sino tambié vivencia verdadera y espiritual de las soluciones trascendentales del F Shui adquiridos a través de sus experiencias en China y Tibet.

El libro comienza con la historia del Feng Shui y discute muchas aplicacic prácticas de cómo usar los principios de belleza y decoración. Al princi presenta claramente la filosofía China de los ocho trigramas del I-Chin explica la intención del libro, a través de su información, crear espacios armonía, para mejorar la calidad de la vida e integrar al hombre con construcciones, la naturaleza y el universo.

Este libro también describe, como usar los principios del Feng Shui situaciones mundanas y trascendentales y contiene gran información ac de curas trascendentales de la filosofía de la Escuela del Sombrero Ne Budismo Tántrico Tibetano. También en los últimos capítulos del libro autor claramente y con gran precisión, introduce los tipos de Chi en el humano, la diferenciación de los 5 elementos del Chi y astrología sin China a sus lectores. Igualmente contiene un resumen de las observacion soluciones visibles, invisibles y trascendentales. También ofrece una l valiosa de diferentes escuelas del Feng Shui para lectores que tengan int en estudiar este antiguo arte ambiental.

Al leer este libro se entenderá que existen muchas escuelas diferentes de F Shui, y que la escuela que yo he establecido, ofrece varios métodos de aju y decoración, incluyendo soluciones esotéricas y exotéricas, para aplica edificios residenciales, edificios comerciales, edificios industria aeropuertos, negocios, compañías y planificación urbana de comunidade ciudades. Este libro es honorable, pues el autor no solamente describe forma clara y sencilla la filosofía ancestral China, sino describe tambié espíritu armonioso del Yin dentro del Yang y del Yang dentro del Yin y de manifestación a través de los ocho trigramas del I-Ching.

También cuidadosamente analiza los colores de los ocho trigramas y correspondencias entre los aspectos internos y externos de los ocho trigram En cuanto al aspecto práctico, Juan propone un sistema concreto p observar el entorno y determinar la calidad de vida, o Chi, influencias de comunidad, vecindario y ambiente como reconocer influencias producidas carreteras, calles, transformadores, formas de terrenos, ubicación y for del habitat, puertas delanteras, alcobas principales, estufas de cocinas, vig paredes, escaleras, postes, y como ubicar muebles. Este libro incl

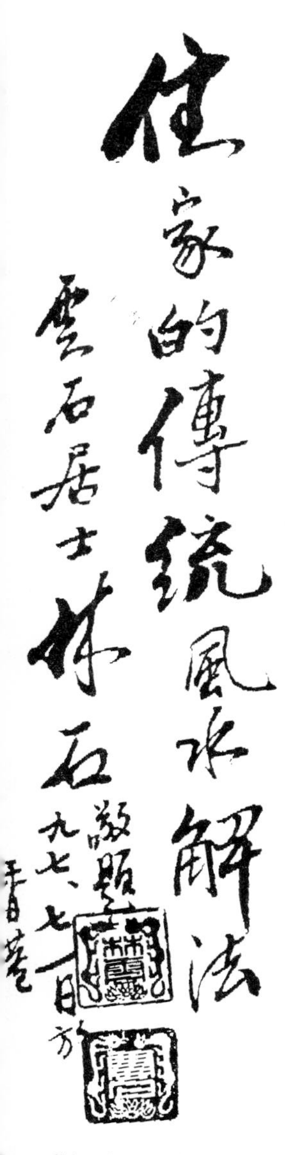

e traditional Feng Shui Cures
r homes

información muy profunda. Cuidadosamente explica métodos de ajustes menores de acuerdo con las enseñanzas de la Secta Negra, Budismo Tántrico Tibetano, ajustes que requieren curas trascendentales para edificios. Estos métodos decorativos y ajustes menores incluyen el uso de espejos, luces, cristales, sonajeras (windchimes), flautas, bolas de cristal feng shui, etc., también abarca la investigación en la vitalidad de las plantas.

Además, este libro incluye las partes más secretas del Feng Shui; éstas son, las curas trascendentales. Las curas trascendentales o Dharma no deben pasarse a terceras personas, sin honrar el "sobre rojo". Estas curas trascendentales incluyen: refuerzo de los tres secretos, el trazado de las nueve estrellas, método trascendental de la rueda de las ocho puertas, cómo concebir a un niño, ajustes del Chi interior y exterior del habitat, cómo aclarar la mente y el corazón, y métodos en cómo reforzar el Chi personal, que incluyen: la meditación del sutra del corazón, la meditación Solar del Buda, ejercicio de prosperidad, la meditación espiritual de los ocho trigramas, cómo ajustar la suerte, salud, y equilibrio mental y físico. De la fuente divina que manifiesta el universo, deriva las teorías del Chi, Yin-Yang, Taoísmo, Cinco Elementos Chinos, Ocho Trigramas. Igualmente incluye los principios que la "sustancia es vacío" y el "vacío" es "sustancia" y el uso de los tres sistemas de colores manifestados a través de los cinco elementos Chinos, las Seis Palabras Verdaderas y el espectro de los siete colores del arco-iris.

Además, describe la relación de los cinco elementos Chinos a la personalidad. Aunque este libro es llamado Feng Shui debido a su perspectiva de teorías y aplicaciones, realmente es un resumen de las distintas teorías y filosofías desarrolladas a través de los puntos de vista de la Escuela del Sombrero Negro, Budismo Tántrico Tibetano. Las palabras de Juan al final del libro son muy especiales. Yo recomiendo altamente este libro a arquitectos, doctores, maestros, sicólogos, urbanizadores, diseñadores de áreas verdes e interiores y a todas las personas que hayan o no estudiado Feng Shui. Yo creo que todos, no importa su práctica o profesión se beneficiarán grandemente con este libro.

Que todos los lectores sean bendecidos con prosperidad y armonía.

Thomas Lin Yun
Marzo 2, 1998.

生活的諧和

雲石軒主 林雲 敬題

一九[illegible]

Juan M. Alvarez

FENG SHUI:

LA ARMONIA DEL VIVIR

Feng Shui, La Armonía del Vivir
Edición revisada
publicada por The Fairy's Ring, Inc.

ISBN: 1-892231-00-X

Diseños gráficos: Portada: Jorge M. Alvarez
Edición: Juan M. Alvarez
Ilustraciones: Juan M. Alvarez, Jorge M. Alvarez

Impreso En Trade Litho, Inc.
5301 NW 37th Ave.
Miami, Florida 33142

Dedicatoria

A mi adorada esposa Carmencita, cuya ayuda, apoyo y devoción han sido mi inspiración constante. A mi querida madre, María Luisa... a todas las madres del mundo... al templo sagrado de la humanidad: la Tierra.

También quiero expresar mi agradecimiento a Katherine Metz y a Melanie Lewandoski, estudiantes avanzadas del Maestro Thomas Lin Yun, por haber compartido conmigo sus conocimientos del legendario arte chino del Feng Shui y por sus ejemplos y motivaciones permanentes.

El contenido de esta obra se debe a la dirección espiritual del Maestro Thomas Lin Yun, de quien he recibido las enseñanzas que me han permitido acercarme un poco más a la fuente de luz divina, a la Chispa de vida, a la fuerza creadora universal, al Ch'i.

Dedico también este libro a todos los hombres y mujeres de esta época y especialmente a los lectores con quienes voy a compartir este conocimiento ancestral. Aquéllos que comprendan y lleguen a usar los métodos y técnicas tradicionales que aquí les presento descorrerán un poco el velo de la ilusión, atisbarán entre las sombras de la vida y mejorarán sus relaciones humanas, su prosperidad y su salud.

La práctica del Feng Shui enriquecerá sus vidas, integrándolos a la energía, a la esencia y al espíritu de la naturaleza, a través de los principios universales de la armonía y de las sublimes experiencias espirituales que vivirán.

Om Ma Ni Pad Me Hum

Septiembre de 1996.
El autor junto con el maestro Lin Yun, en el Tibet.

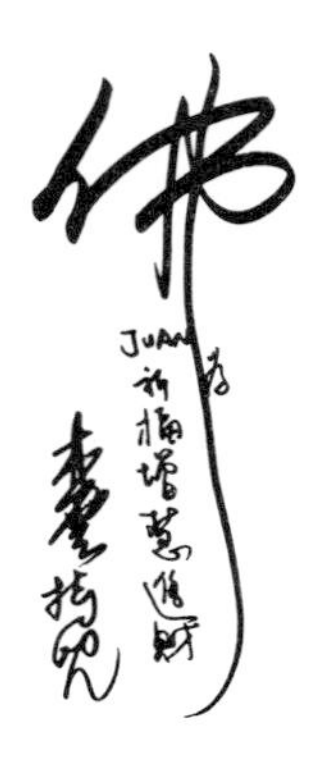

Un caso urgente

Son las 6 de la tarde y estoy terminando uno de los Seminarios de Feng Shui. Dentro de un rato debo ir al aeropuerto de Miami para recoger a mi hijo que viene de Nueva York. Su avión llega a las 9 PM. Mientras contesto diversas preguntas de los estudiantes se me acercan dos de ellos, Luis e Isabel. Me piden ayuda urgente e inmediata. Necesitan un estudio de Feng Shui en su negocio. Trato de planear la visita para el día siguiente pero me dicen que posiblemente mañana sea ya demasiado tarde. Han recibido notificación de que deben desocupar inmediatamente el local por excesivo atraso en el pago del alquiler. Su situación económica es tal que no creen que puedan permanecer abiertos dos o tres días más. Me dicen que las ventas son prácticamente nulas. Ante lo angustioso de su problema accedo a ir directamente. Al llegar al negocio encontramos serios conflictos en cuanto a la posición de los muebles y a la ubicación del cuarto de baño. El baño está construido precisamente en el área de las finanzas. La puerta principal se encontraba bloqueada por muebles agresivos, terminados en esquinas. Doblé las mangas de mi camisa y con la ayuda de mis amigos comenzamos a cambiar la posición de los muebles. Colocamos artísticamente varios arreglos florales y algunas muestras de sus productos. Sellamos el baño mediante una solución trascendental, pues no había tiempo para instalar un espejo en la parte exterior de la puerta de acceso. Equilibramos los colores. Colocamos los cuadros y los objetos de que disponían en los lugares correspondientes. Situamos el color violeta en el área de las finanzas, el rojo en el área de la fama y el rosado en el área de las asociaciones. Trabajamos tan diligentemente que antes de las 9 habíamos logrado cambios notables, terminando justo a tiempo para ir a recoger a mi hijo, que ya me estaba esperando.

A las 12 del día siguiente llama por teléfono Isabel y está muy contenta. Nos cuenta que la noche anterior, camino de casa compraron un billete de lotería. Al revisar esta mañana los números premiados, vieron que el suyo estaba entre ellos. No era mucho dinero, pero sí lo suficiente para ponerse al día en el alquiler del local. Era la primera vez en su vida que ganan algo en la lotería. Y no sólo eso, sino que esa misma mañana firmaron dos contratos muy importantes, que por sí solos les producirán ingresos suficientes para poder mantener el negocio.

¿Es posible que la energía que ahora fluye sin bloqueos en su negocio tenga algo que ver con la suerte de los dueños y con el comportamiento de los clientes? ¿Pueden ser tan notables las consecuencias de los cambios hechos la noche anterior, realizados siguiendo los sencillos principios del arte del Feng Shui?

1

HISTORIA DEL FENG SHUI

Difusión en occidente del legendario arte del Feng Shui

Uno de los primeros libros aparecidos en el mundo occidental acerca del Feng Shui fue *La Ciencia del Paisaje Sagrado*, escrito por el misionero Ernest Eitel y publicado en el año 1873. En Europa despertó cierto interés, pero no lo suficiente para hacerlo realmente popular. Fue necesario que pasaran otros 100 años para que este tema llamase la atención del mundo occidental. Sarah Rossbach, una de los estudiantes del Maestro Thomas Lin Yun, escribió en 1983 el libro *Feng Shui: The Chinese Art of Placement.* Esta obra, escrita con delicada sencillez, despertó un gran interés en el público norteamericano. Años después, Sarah publicó otros dos libros: *Interior Design with Feng Shui*, y *Living Colors*, ambos bajo la dirección del Maestro Lin Yun. De todas las escuelas budistas, la más pequeña y más antigua -La Secta Negra del Budismo Tantrico-, es la que ha servido de canal para transmitir al mundo moderno los principios y los métodos de esta tradición milenaria.

Como ya dije en la Introducción, toda la información sobre los métodos tradicionales y trascendentales del legendario arte ambiental del Feng Shui contenida en este libro procede directamente de las enseñanzas del Maestro Thomas Lin Yun, líder espiritual de la Secta Negra del Budismo Tántrico Tibetano, en su Cuarto Nivel.

El Maestro Thomas Lin Yun

En el año 1972 un sacerdote budista comenzó a visitar los Estados Unidos enseñando la tradición del arte ambiental del Feng Shui. El Maestro Thomas Lin Yun empezó sus estudios de Budismo Tántrico Tibetano a la edad de 6 años. Nacido en China, ha dedicado toda su vida al estudio del budismo y del místico arte del Feng Shui. Es una persona sencilla y de pocas palabras, cuya mirada refleja la profundidad de su consciencia y cuya vida es un singular ejemplo de dedicación al trabajo espiritual.

El Maestro Lin Yun anima a sus estudiantes a difundir y compartir el conocimiento y la filosofía del Feng Shui -traídos por él a los Estados Unidos- con todas las personas que estén buscando una mayor paz y armonía para sus vidas.

El Feng Shui

La tecnología moderna y la superpoblación han creado grandes problemas de contaminación, que afectan a los ciclos naturales y vitales del planeta. Problemas que son cada vez más graves y están causando cambios importantes en el medio ambiente, alterando las emociones, la salud, la armonía y la vida misma de todos los seres vivos.

El Feng Shui nos llega de un pasado remoto como una herramienta muy útil, de la que nos podemos servir para bendecir, proteger y armonizar la energía vital que fluye a través de nuestro ser y que se proyecta en nuestro espacio inmediato, en nuestras casas y en nuestros lugares de trabajo. La finalidad del arte ambiental del Feng Shui es crear armonía entre las construcciones de los seres humanos y los propios seres humanos que las habitan.

Los primeros pasos en el Feng Shui nos conducirán -a través de las profundidades de nuestras mentes, de nuestros conceptos, nuestras creencias y nuestra realidad presente- hacia la comprensión de una filosofía basada en el principio universal de la dualidad, en la teoría del Yin y el Yang. Comenzaremos a caminar sobre el sendero de un conocimiento milenario. Aprenderemos a captar ciertos principios que se manifiestan en la naturaleza: Los Cinco Elementos Chinos, Los Ciclos Constructivos y Destructivos de los Cinco Elementos, Las Tres Escuelas de Colores, Las líneas de Armonía (Ba-Gua) y Las Proyecciones y Movimientos de las líneas de Armonía. La comprensión de estas teorías despertará pensamientos que han estado dormidos en nosotros desde un pasado muy lejano e iremos desarrollando una cierta sensibilidad que nos hará conscientes de las energías presentes en nuestro entorno.

La Secta del Budismo Tántrico, en su cuarto nivel, nos enseña cómo convertir nuestras casas y lugares de trabajo en un reflejo de nuestras vidas y de nuestras aspiraciones y nos facilita la información necesaria para reforzar aquellas áreas de nuestras vidas que necesiten algún ajuste. Los ajustes y arreglos del Feng Shui se realizan utilizando las *Nueve Adiciones Menores de la tradición.*

La vertiente mística del Feng Shui es el aspecto más importante de este sistema. Es lo que se conoce como el *Método Trascendental.* El uso del Método Trascendental produce resultados de un 120%.

El Feng Shui permite transformar las energías adversas del medio ambiente que afectan negativamente a la salud, la economía y las relaciones personales, en otras positivas que generen prosperidad, salud y abundancia, tanto física como espiritual.

Etimología

Literalmente la palabra Feng Shui significa Aire-Agua. Un sinónimo de Feng Shui es "Geomancia", aunque este término es más utilizado para designar ciertas prácticas predictivas de origen árabe que se diseminaron por Europa durante la Edad Media. Sin embargo, la palabra Geomancia fue usada por algunos escritores del siglo XIX para referirse al arte del Feng Shui.

Otro nombre dado al Feng Shui, que proviene de épocas muy remotas, es el de "Kan-Yu." La palabra Kan-Yu se traduce como "Envoltura y Apoyo," simbolizando al Cielo (Envoltura) y la Tierra (Apoyo). Este término procede de la filosofía taoísta, la cual relaciona los sucesos de la Tierra con el Universo y al contrario, los sucesos del Universo con lo que ocurre en la Tierra.

La China es un país predominantemente agrícola. A través de los siglos la agricultura China ha logrado conservar las tierras fértiles para alimentar a la población más numerosa del planeta. Los chinos lograron mantener grandes masas de seres humanos sin agotar la fertilidad de sus tierras, por ser conocedores de los ritmos de la naturaleza y de los elementos que se manifiestan en la misma.

Muchos buscan un Shan-gri-la, otros un cielo o un lugar de gloria. Los maestros de Feng Shui chinos buscan la forma de ubicar los objetos, combinando sus colores y sus formas para crear ambientes armoniosos, en la Tierra, aquí y ahora.

Una de las definiciones más poéticas del Feng Shui se la debemos al pensador y autor Stephen Feuchtwan:

> *"Saber escoger el lugar propicio, en el momento debido; la alineación correcta con las direcciones del Universo, combinando el uso eficiente de los objetos con la reverencia mística, es armonía... es paz... es Feng Shui..."*

Escuelas de Feng Shui

Las dos escuelas principales en la práctica del Feng Shui son:

1. La Escuela de las Formas.
2. La Escuela de la Brújula.

Cada escuela tiene a su vez varias denominaciones.

La Escuela de las Formas (Hsing-Shih) es también conocida como la Escuela de las Configuraciones, el Método de Kanchow, y el Método de Kiangsi.

La Escuela de la Brújula es conocida como la Escuela de las Direcciones y Posiciones (Fang-Wei), también como el Método de los Hombres, el Método de las Casas y de los Hogares y la Escuela de Fukien.

Cualquier escuela que se seleccione para el estudio y aplicación del Feng Shui, basará su conocimiento en principios universales de la armonía. El objetivo principal que se busca con el Feng Shui es armonizar nuestro entorno con la fuerza creadora universal conocida como "Ch'i."

Cada año tiene doce meses y en cada mes existen momentos en los cuales las fuerza del Ch'i es vigorosa y otros en los que la fuerza del Ch'i es más débil. Es algo parecido a la respiración en el ser humano. El conocimiento de los ritmos y de las polaridades de las fuerzas Yin y Yang es fundamental en toda creación de ambientes armónicos.

Feng Shui: la armonía del vivir

La relación del hombre con su hogar es íntima, esencial y sutil. Cuando uno llega a su casa y se siente bien es porque el ambiente del lugar es equilibrado y sano. Hay algo invisible, que no se percibe con los sentidos pero se siente. Ese algo es el espíritu del lugar. A través del Feng Shui el espíritu del lugar nos habla en un idioma de luz y de formas, alentándonos a ser conscientes de los patrones que nosotros mismos hemos ido creando en nuestros hogares, en nuestros lugares de trabajo y en nuestras propias vidas.

El Feng Shui está basado en la observación de la naturaleza y de los procesos que en ella manifiestan vitalidad, belleza, armonía y paz.

Con el paso de los siglos la filosofía del Feng Shui se ha visto influenciada por diferentes culturas. El Maestro Lin Yun detalla este proceso como sigue:

1. La tradición milenaria del Tíbet (Bon) -Primer Nivel.
2. La cultura Hindu-Budista. -Segundo Nivel.
3. La cultura Chino-Confucionista. -Tercer Nivel.
4. La cultura del mundo moderno. -Cuarto Nivel.

El Feng Shui contiene conocimientos procedentes de la tradición, del Budismo, del Tao, del Libro de las Mutaciones o I-Ching y de la Astrología China.

Como ya se dijo existen dos métodos o escuelas principales de Feng Shui: 1) La Escuela de la Brújula y 2) La Escuela de las Formas.

La Escuela de la Brújula se sirve de métodos analíticos y utiliza una brújula para encontrar la alineación de las construcciones y las áreas con los puntos cardinales y para establecer las relaciones existentes entre ellas.

La Escuela de las Formas utiliza métodos trascendentales y se basa, para establecer sus relaciones, en las formas naturales del lugar. La esencia de este método es la ubicación de la entrada de la fuerza vital o *Boca del Ch'i* en las construcciones y en los espacios estudiados, basándose seguidamente en las líneas de armonía o campos de energía.

Este libro de Feng Shui sigue la filosofía de la Escuela de las Formas tal como la enseña el Maestro Thomas Lin Yun, máxima autoridad del Cuarto Nivel del Feng Shui.

El Cuarto Nivel del Feng Shui es la integración del conocimiento tradicional de la Escuela de las Formas con la Ciencia Moderna. Entre las ciencias que han influido en el Feng Shui están la Bioenergética, la Ergonomía, la Arquitectura, la Ingeniería Ambiental y especialmente la Construcción Biológica o *Bau-Biology*. La ciencia de la *Bau-Biology* se dedica al estudio y diseño de construcciones ambientalmente armónicas, edificios cuyos materiales y formas contribuyan a mantener tanto la eficiencia energética como la salud de sus ocupantes. Muchos practicantes de Feng Shui son “Bau-Biologists.” El Director del Instituto Internacional de *Bau-Biology* es el arquitecto y constructor, Reinhard Konuka. El arquitecto Konuka, aunque de nacionalidad alemana, mantiene su centro de investigación y diseño en Nueva Zelanda. En los Estados Unidos existe una oficina del Instituto Internacional de Bau-Biology. Quienes estén interesados en los estudios de *Bau-Biology* pueden dirigirse a:

Instituto de Bau-Biology y Ecología
Post Office Box 387
Clearwater, FL 34615
Tel.: 813-461-4371

> ***Tres cosas rigen nuestras vidas. La primera es la fuerza del destino, la segunda es la suerte, la tercera es el Feng Shui.***

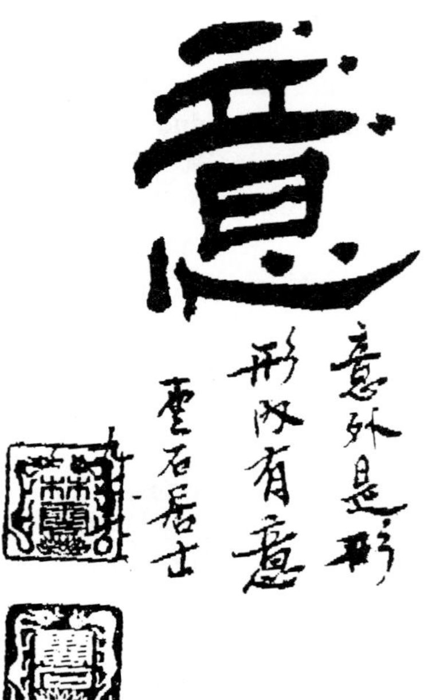

II

USO PRACTICO DEL FENG - SHUI

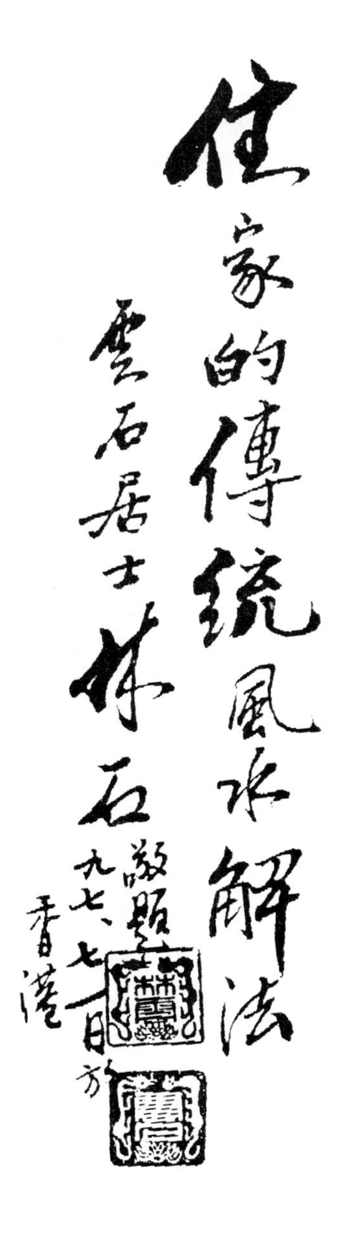

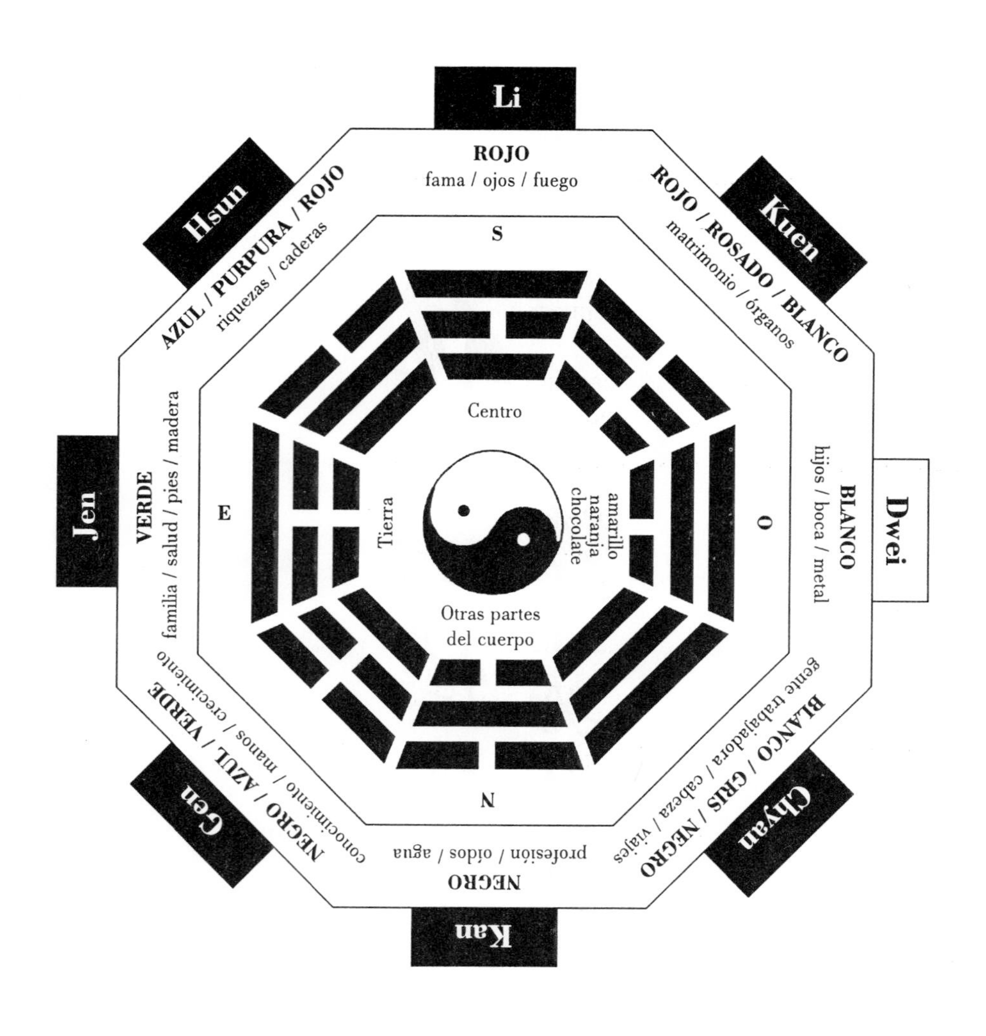

El Ba-Gua, con algunas de sus correspondencias

Usos del Feng Shui

El estudiante deberá familiarizarse con la filosofía del Feng Shui, sus teorías y sus métodos de observación: visible e invisible. Después de haber localizado los problemas presentes en el lugar, se aplicarán las soluciones adecuadas. Estas soluciones pueden ser visibles e invisibles (también llamadas trascendentales).

De este modo, la aplicación práctica del Feng Shui se puede esquematizar en dos fases: y soluciones.

OBSERVACIONES	
VISIBLES Yang	INVISIBLES Yin
SOLUCIONES	
TANGIBLES Yang	TRASCENDENTALES Yin
OBJETO	

Observaciones visibles

Las observaciones visibles son las que podemos percibir a través de nuestros sentidos físicos. Entre ellas están la observación del vecindario, de la vegetación que rodea el lugar, la elevación del terreno, la existencia de lomas, montañas o valles. Si la vegetación es pobre y desértica, generalmente ello indica un Ch'i pobre. Si la vegetación es verde y abundante con árboles frondosos, es indicación de un Ch'i próspero. También debemos observar la presencia de otras estructuras, carreteras, ferrocarriles, aeropuertos, calles, postes telefónicos y de electricidad, transformadores,

FENG SHUI: LA ARMONIA DEL VIVIR

OBSERVACIONES Y SOLUCIONES

OBSERVACIONES

VISIBLES

Factores Externos:
Ch'i de la tierra
Ubicación del habitat
Influencias tecnológicas
Forma del terreno
Forma de la casa
Otros factores

Factores Internos:
Diseño de la casa
Distribución de la casa
Puertas y ventanas
Escaleras
Cocinas y baños
Ubicación de muebles
Otros factores

INVISIBLES

Factores Externos:
Historia del vecindario
Ch'i del vecindario
Otros factores

Factores Internos:
Historia del lugar
Ch'i del lugar
Otros factores

SOLUCIONES

VISIBLES O MUNDANAS

Tradicionales
Nueve adiciones menores
Otras soluciones

INVISIBLES O TRANSCENDENTALES

Tres Secretos
Trazando 9 Estrellas
Otras soluciones

puentes, ríos, lagos y mares. La forma del terreno, la forma de la casa, la distribución de los cuartos y la ubicación de los baños, de la cocina, de los muebles y de los colores. Las formas de diseño, paredes, columnas, vigas y puertas. La observación visible incluye la aplicación de las líneas de armonía, o Ba-Gua, para averiguar en qué modo las formas de la casa y de las habitaciones están afectando a la calidad de la vida, al fluir del Ch'i.

La palabra Ba-Gua significa "ocho símbolos que se cuelgan." Se trata de un símbolo tradicional chino, cuya forma es la de un polígono regular de ocho lados u octágono. A cada uno de sus lados le corresponde un trigrama y tiene una serie de asociaciones a distintos niveles, por ejemplo, cada línea del Ba-Gua está asociada con una de las actividades mundanas del hombre. Este es el principio que utilizamos en el Feng Shui para establecer la íntima relación existente entre el hombre y sus construcciones.

La visualización de las líneas de armonía del Ba-Gua alrededor del perímetro del terreno y de la casa es la operación inicial que nos permitirá descubrir si la distribución del edificio que vamos a estudiar es o no la adecuada. Para ello dividiremos en tres partes iguales cada uno de los lados de la casa, esto nos permitirá construir el octágono sobre ella. Las áreas cortadas (o faltantes dentro del octágono) debilitan el Ch'i, las áreas extendidas o expandidas (fuera de él) lo fortalecen. Al situar el Ba-Gua sobre el perímetro del edificio localizamos las áreas que corresponden con las principales actividades vitales de las personas que allí viven o trabajan. Dentro de un edificio, cada habitación tiene de nuevo su propio Ba-Gua.

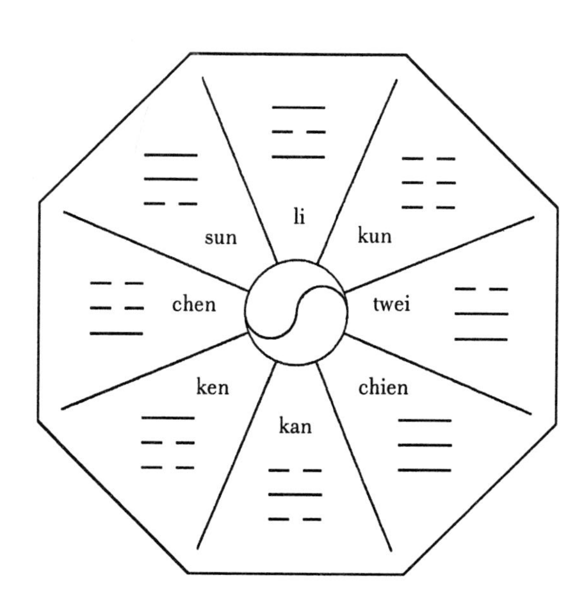

El Ba-Gua

Al visualizar o dibujar mentalmente el Ba-Gua alrededor del perímetro de una casa debemos siempre alinear la puerta principal de entrada con la línea del agua (nuevo conocimiento, profesión y benefactores). El área izquierda (mirando desde el frente) corresponde a las actividades de autocultivo, aprendizaje o nuevo conocimiento. Hacia el centro de esta línea se encuentra la energía que corresponde a la misión de nuestras vidas, la carrera y la profesión. A la derecha está el área relacionada con nuestro padre físico y espiritual, con lo que esperamos de los demás, lo que esperamos de nuestras amistades, es el área de los benefactores.

El siguiente dibujo muestra la distribución de las ocho actividades alrededor del perímetro de una casa. La forma correcta de las líneas de armonía es el octágono, aunque en este esquema se ha utilizado un rectángulo para ayudar a su visualización. Se trata de ubicar los elementos, los colores y las actividades mundanas en el lugar adecuado de la casa. El total de actividades mundanas son nueve, incluyendo el centro. Es decir, ocho trigramas que forman las líneas del octágono y su centro que simboliza el complemento de todas las fuerzas, su unión armónica.

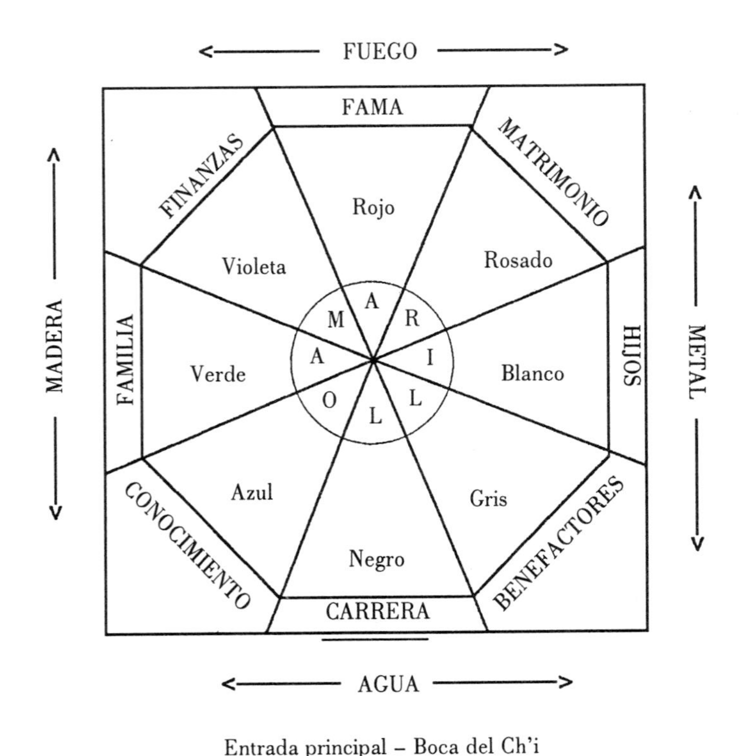

Entrada principal – Boca del Ch'i

Las líneas de armonía del Ba-Gua

AREAS DEL BA-GUA EN LA CASA

VIOLETA — FUEGO ROJO — ROSADO

MADERA VERDE (izquierda) — METAL BLANCO (derecha)

FINANZAS	FAMA	MATRIMONIO
FAMILIA	SALUD	HIJOS
CONOCIMIENTO	PROFESION	BENEFACTORES

← ALINEAR CON PUERTA PRINCIPAL DE ENTRADA →

AZUL — NEGRO — GRIS

AGUA

La pared izquierda representa la madera, con el color verde en el área de la familia, es la conexión con nuestro pasado, nuestros abuelos y antepasados. Su carácter es femenino.

La pared derecha representa el metal, con el color blanco en el área de los hijos, son los frutos de nuestra vida y también nuestra creatividad. Es de carácter masculino.

La pared frontal de la casa es de naturaleza Yang y carácter masculino.

La pared posterior de la casa es de naturaleza Yin y carácter femenino.

Observaciones invisibles

Las observaciones invisibles o intangibles son las que no podemos detectar por medio de nuestros sentidos físicos. Pueden ser manifiestas o trascendentales. Las observaciones manifiestas son las que se pueden captar con la ayuda de instrumentos tales como los detectores de energías electromagnéticas (ondas de radio, de radar, microondas, rayos infrarrojos y rayos ultravioleta, rayos X, rayos gamma, rayos beta y rayos cósmicos entre otros) y otros instrumentos como péndulos, varillas y otros, que facilitan la percepción de las energías geomagnéticas y cósmicas presentes en el lugar. Las manifestaciones trascendentales incluyen la historia del vecindario, la calidad de vida del vecindario, la historia y el espíritu del lugar.

Son hechos de carácter invisible que tienen una notable influencia sobre el sitio que se va a estudiar. La detección de estas energías y la historia del lugar nos indicarán la calidad del ambiente, que afecta de un modo directo a la calidad de vida.

Una vez localizados los problemas existentes aplicaremos las soluciones adecuadas de decoración Feng Shui, a fin de crear un ambiente de armonía.

Soluciones visibles

Las soluciones visibles son las que hemos recibido de la tradición. Son los principios de la tradición para los negocios y para el hogar y las Nueve Adiciones Menores.

Algunos de los principios de la tradición para el hogar y los negocios están descritos más adelante.

Las Nueve Adiciones Menores son una serie de objetos decorativos. La selección de una Adición particular dependerá de lo que nos indique la intuición. En los lugares que necesiten ajustes podemos usar cualquiera de las Adiciones Menores.

Por ejemplo, si necesitamos reforzar nuestra actividad vital relacionada con la carrera o profesión, es decir, si estamos buscando trabajo, queremos cambiar de empleo o mejorar nuestra posición en el trabajo actual, deberemos colocar una luz u objeto brillante en el área de la profesión, (situada en el centro de la pared frontal, en línea con la puerta de entrada). Como vemos en el esquema de la página anterior la carrera o profesión vibra con el elemento agua, por ello, la colocación de una fuente de agua en la zona de la profesión activará la fuerza del Ch'i en la misma. También se pueden colocar banderas, cuadros o ilustraciones que muestren paisajes marítimos, honrando de este modo al elemento agua.

Aunque las Adiciones Menores son soluciones visibles, entre los objetos que se incluyen en ellas hay varios que son igualmente utilizados en las soluciones trascendentales, entre ellos están los espejos, los Ba-Guas y las flautas de bambú chinas.

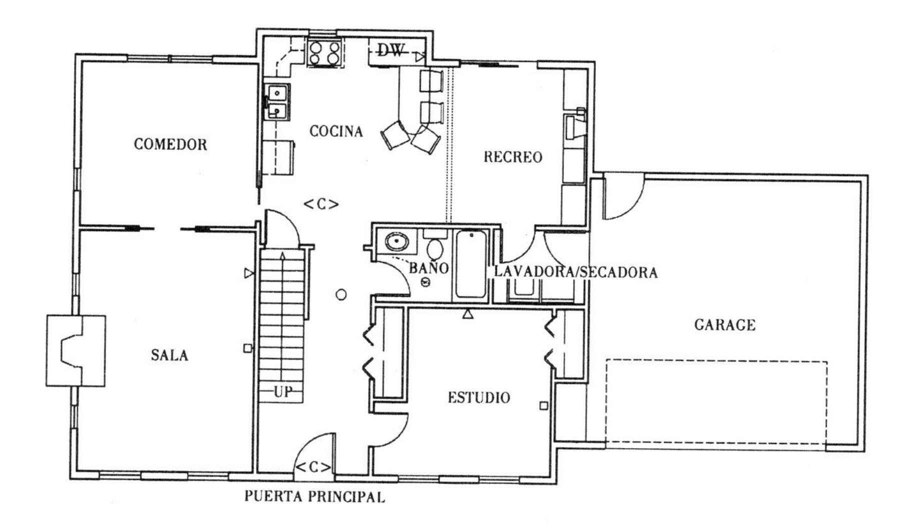

Situaciones que necesitan ajustes:
1) Cocina frente a puerta
2) Escalera mordiente
3) Baño en área de salud

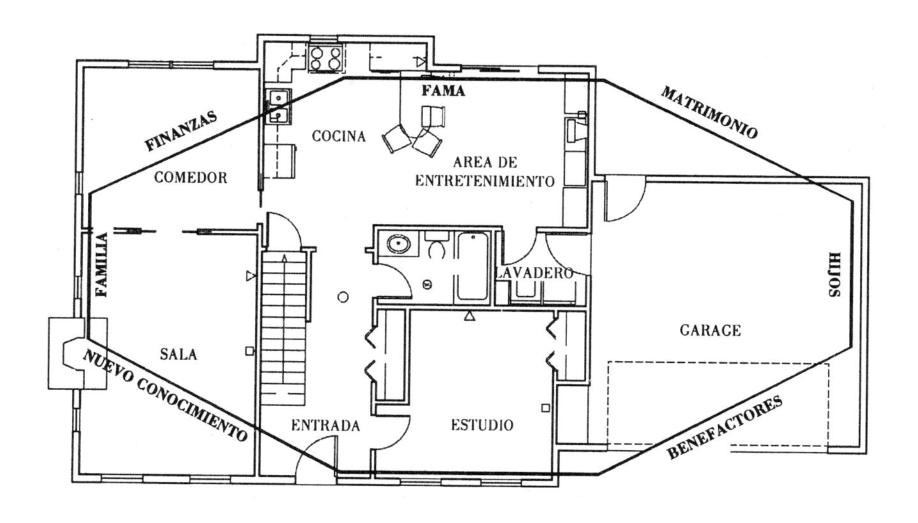

Aplicación del Ba-Gua sobre el plano de una casa

Soluciones invisibles o trascendentales

Entre las soluciones invisibles o trascendentales están: los Tres Secretos, el Trazado de las Nueve Estrellas, los Usos Trascendentales del Ba-Gua y el Sellado de las Puertas.

Ejemplos del antiguo arte del Feng Shui

Es muy interesante conocer qué zonas de la casa están relacionadas con las diversas actividades de nuestras vidas, ya se trate de las relaciones personales, el matrimonio, las finanzas, la salud física y mental, la carrera o la profesión. El conocimiento de la ubicación que estas actividades tienen en el hogar nos permitirá honrarlas debidamente, lo cual tendrá una repercusión directa sobre dicha actividad vital nuestra.

En el Feng Shui los objetos decorativos se colocan siempre en los lugares apropiados. Si queremos reforzar el aspecto económico de los miembros de la familia, colocaremos objetos adecuados en el área de las finanzas. Si queremos activar las relaciones personales o el matrimonio, pondremos objetos decorativos en el lugar que corresponde al matrimonio.

La colocación de cristales y luces en la entrada principal de sus locales ha ayudado notablemente a varios negocios del área de Miami. Las bolitas de cristal del Feng Shui están hechas de cristal austríaco. Son esferas de múltiples caras, con un pequeño agujero en la parte superior para poder colgarlas del techo. Sus diámetros varían entre los 20mm. y los 100mm. Estas bolas de cristal se cuelgan a 9 pulgadas del techo (o nueve centímetros, lo importante es que sean nueve unidades). Cuando la puerta de entrada principal se halla en el área de los benefactores, la instalación de una lámpara, con dos bombillas, es también muy propicia. Dicha lámpara debe instalarse con la luz enfocada hacia dentro, para reforzar la energía relacionada con el aumento de los clientes.

El refuerzo de la energía en el área de los hijos ha hecho posible el embarazo exitoso en varias familias que estaban esperando tener hijos. Esta área se ajusta con la colocación de móviles de sonido y plantas con flores blancas, puesto que al honrar al color blanco reforzamos la energía que corresponde con los hijos, frutos de nuestra vida. La instalación de luces, especialmente si el área se encuentra cortada y oscura es también muy adecuada. En estos casos es también conveniente reforzar las demás soluciones con los Tres Secretos (ver página 114).

Uno de nuestros estudiantes estaba pasando por una gran dificultad

Bolas de cristal Feng Shui

económica. Era dueño de un negocio y tenía serios problemas con el cobro de cuentas atrasadas. Muchas veces los problemas de los negocios se originan en el hogar. Al inspeccionar su casa vi que tenía la cama ubicada en el centro de la habitación y en el paso de la puerta de entrada, con lo cual su cama se encontraba totalmente a la deriva. Le mencioné las diferentes alternativas que tenía para reubicar la cama. La cabecera de la cama debe colocarse siempre contra una pared sólida. Esta posición fortifica el Ch'i y provee una sensación de seguridad que se refleja en la vida de la persona que duerme en ella. La dirección de la cabeza, con respecto al Ba-Gua, determina la actividad que deseamos reforzar. El escogió el área de las finanzas. Pocos días después de variar su cama, los cobros en el negocio comenzaron a mejorar. Además, desde entonces sus ventas aumentaron sensiblemente.

Si deseamos recibir ayuda en nuestras relaciones personales, colocaremos el cabezal de la cama hacia el área del matrimonio; si lo que deseamos potenciar son nuestras realizaciones, ideales, planes o proyectos, lo colocaremos hacia el área de la fama; si deseamos recibir ayuda en el aspecto económico deberemos situarlo hacia el área de las finanzas y así sucesivamente. La cama no debe nunca alinearse con la puerta de entrada. Dormir con la cabeza hacia una ventana también debilita el Ch'i, pero no es tan malo como hacerlo hacia la puerta de entrada. En estos casos la solución es colgar una bolita de cristal Feng Shui en el marco de la ventana, para equilibrar el efecto de vacío que la misma produce. En el caso de que fuera imposible reubicar la cama, para proteger a la persona que duerme en ella se deberá colgar una bolita de cristal Feng Shui, entre la puerta de entrada y la cama en cuestión.

Un quiropráctico no tenía suficiente capital para adquirir los nuevos equipos que necesitaba para su consulta. Le sugerí, entre otras cosas, colgar una bola de cristal Feng Shui con un cordel rojo, a 9 pulgadas del techo, en el área de las finanzas y colocar una lámpara pequeña con bombilla de color violeta. Estos cambios fueron reforzados con los Tres Secretos. Pocos días después recibió ingresos de cuentas atrasadas, vendió un apartamento que tenía ya mucho tiempo en venta y finalmente su situación financiera comenzó a mejorar.

La colocación de cristales -de acuerdo con sus formas y colores- en los lugares apropiados del Ba-Gua produce efectos sorprendentes en la vida de las personas. Los colores trascienden a las formas y las formas trascienden a la materia. La sustancia o materia de los cristales se corresponde con el elemento agua pero lo que estimula el uso, el elemento o la energía que deseamos activar es nuestra intención. Una pirámide de cristal significa fuego si mediante los Tres Secretos, activamos su forma cónica. Las formas cónicas corresponden al elemento fuego. Cualquier objeto cónico, ya sea de madera, metal o cristal, al activar su forma, representará al fuego. El objeto que representa al elemento fuego se debe colocar en el lugar correspondiente del Ba-Gua. Luego reforzaremos con los Tres Secretos. Finalmente observaremos el efecto que este cambio produce en nuestras vidas, en cuanto a nuestras realizaciones, ideales, prestigio o fama.

Un astrólogo de Miami, colocó cristales en los lugares correspondientes de las líneas de armonía del Ba-Gua: una amatista (violeta) en el área de las finanzas, una pirámide de cuarzo rojo en el área de la fama, un

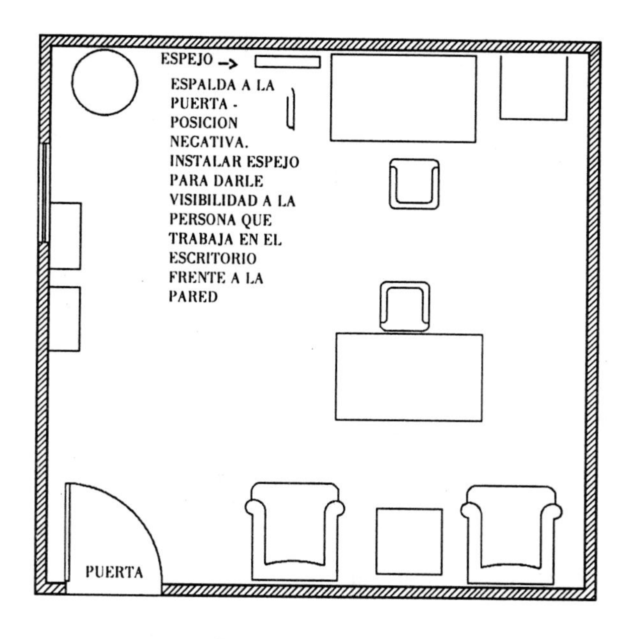

Oficina

cuarzo rosa en el área del matrimonio y un ónix veteado con matices blancos en el área de los benefactores. Estos cambios fueron reforzados con los Tres Secretos. El resultado fue muy satisfactorio: sus ingresos aumentaron considerablemente, permitiéndole comprar una casa nueva.

La puerta principal de entrada, según la escuela de las Formas, representa la entrada de la energía, fuerza de vida o Ch'i. La vida se manifiesta a través del líquido agua. La línea del agua siempre es la prolongación de la Boca del Ch'i, esto es, de la entrada principal de la casa. Es conveniente mantener el frente de la puerta despejado. Toda planta con espinas, representando la forma cónica del elemento fuego producirá un efecto agresivo y creará conflictos de energía. Las plantas con espinas deben colocarse en el patio, o detrás de la casa. Ninguna de las plantas y flores que haya en frente de la casa debe tener espinas.

La puerta principal de una casa es de gran importancia. Las puertas más propicias son las dobles. El pasillo exterior que conduce a la puerta de entrada debe ser de la misma anchura o mayor que dicha puerta de entrada. El Ch'i se debilita cuando encuentra caminos rectos y estrechos, por ello debemos proveer caminos curvos y alternativas que lo refuercen. Si el pasillo de entrada es recto, lo adecuado será colocar banderas, fuentes de agua, plantas, luces u objetos que generen la idea de expansión. Dos luces

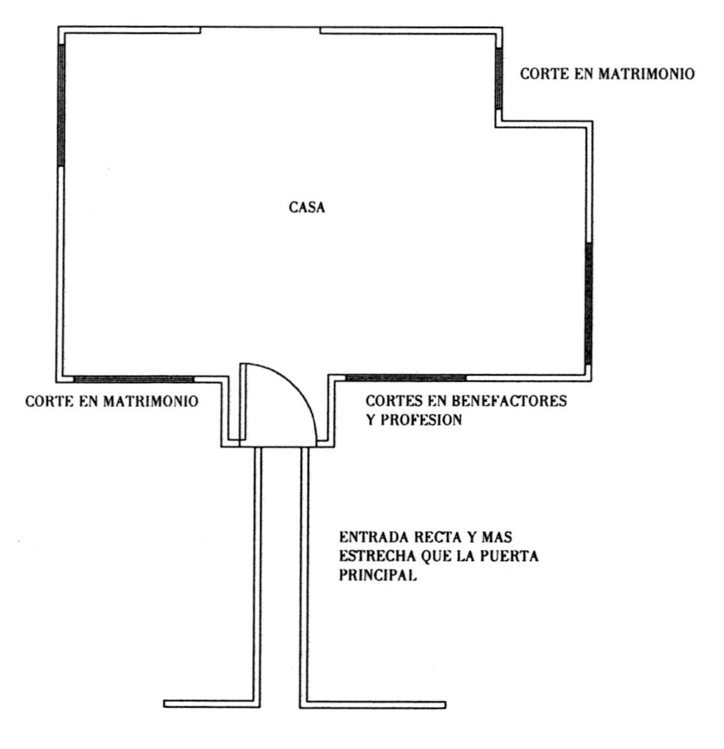

MAL FENG SHUI

situadas a ambos lados de un pasillo estrecho aumentan su claridad y abren el camino para recibir el Ch'i.

Cuando la puerta principal de entrada está alineada con puertas corredizas de cristal que dan al patio, se produce en el interior de la casa un efecto de vacío, que motiva un drenaje del Ch'i. Y más todavía cuando atrás hay piscinas o árboles frondosos. En estos casos el Ch'i entra y sale rápidamente, generando un vacío. La energía que se escapa afecta a las distintas actividades de la familia. Las relaciones personales o las relaciones con los hijos se verán debilitadas por la atracción que ejercen sobre el Ch'i los elementos agua y madera de la piscina y de las áreas verdes. En estos casos recomendamos siempre equilibrar la energía exterior con la interior, para crear la necesaria armonía. Se pueden situar plantas vivas dentro de la casa, a los lados de las puertas corredizas de cristal. Se pueden también colgar bolas de cristal Feng Shui, en el centro de los paneles de las puertas corredizas. Colgar móviles, cuadros que contengan vistas de la naturaleza, áreas verdes y bosques.

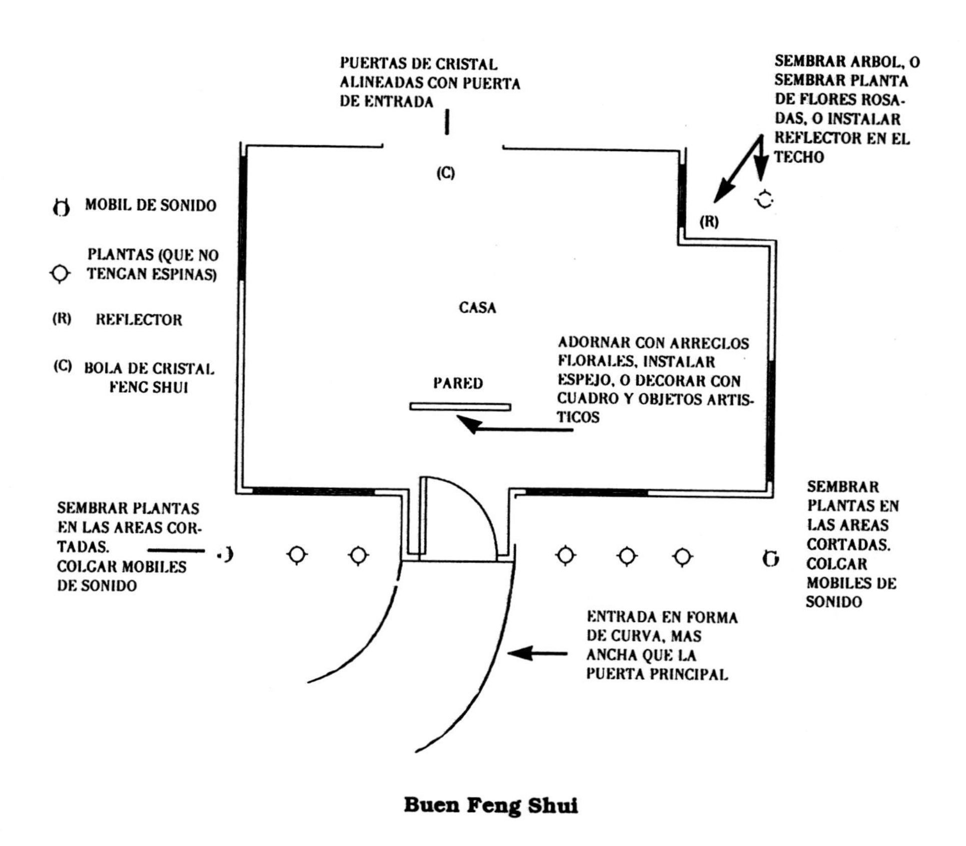

Buen Feng Shui

Hemos visto muchos negocios y muchos hogares que carecen de la fuerza vital de las plantas. Algunas personas piensan que las plantas producen alergias y generan humedad y por ello prefieren utilizar plantas artificiales. En la decoración Feng Shui nos podemos servir de las plantas artificiales, teniendo en cuenta su textura y sus colores y siempre que sean de buena calidad. Sin embargo en muchos casos son necesarias las plantas vivas.

Las plantas naturales no sólo traen fuerza vital a un ambiente, sino que al mismo tiempo lo purifican, ayudando a contrarrestar los efectos de la contaminación y de numerosos productos y substancias tóxicas que con frecuencia están presentes en nuestras casas y oficinas. El aire se puede purificar de dos modos distintos, uno de ellos es mediante el uso de purificadores de aire. Estos aparatos suelen usar un filtro de carbón activado que atrapa las impurezas y las emanaciones tóxicas tales como el formaldehído (generalmente procedente de las alfombras). La eficacia de estos aparatos depende de su tamaño y su calidad. En general suelen ser bastante satisfactorios mientras recordemos cambiar los filtros con la debida frecuencia. El otro modo de purificar el aire es mediante el uso de plantas vivas. Durante el día las plantas generan oxígeno y al mismo tiempo limpian el aire de bióxido de carbono y de otras substancias tóxicas. En los Estados Unidos la NASA fue uno de los primeros organismos gubernamentales que investigó esta cualidad de las plantas, utilizándolas para eliminar sustancias tóxicas del aire de las naves espaciales. Sus estudios indican que las plantas son más eficaces que los filtros mecánicos para controlar substancias tóxicas como la bencina, el tricloroetileno y el formaldehído. Las plantas mejoran la calidad del aire que respiramos. Pero no es necesario vivir en mitad de una jungla, una simple planta de tamaño medio limpia aproximadamente una superficie de 10 metros cuadrados. Las plantas dentro de las casas y las oficinas aumentan la humedad, compensando la excesiva sequedad que producen los aires acondicionados. Entre las plantas que recomendamos para el Feng Shui están: la malanga, las palmas, la yuca, las plantas de la familia diffenbachia y el pothos dorado. Quienes deseen conocer más sobre los estudios acerca de las plantas realizados por la NASA pueden dirigir su correspondencia adjuntando un sello de correos a: PLANTS, 10210 Bald Hill Road, Mitchelville, MD 20721.

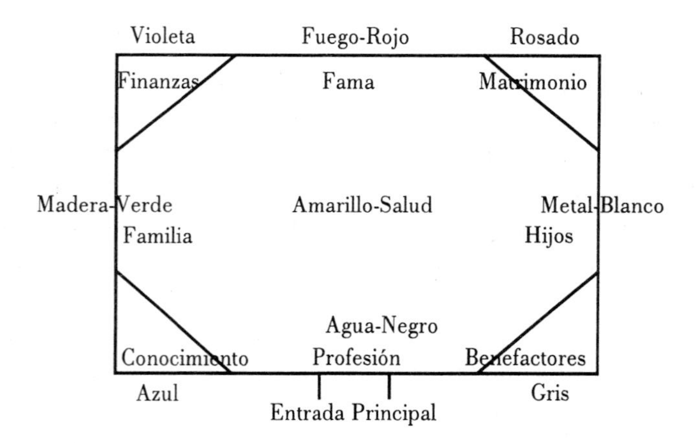

La línea del agua representa la entrada de la energía y de la manifestacion de la vida

Otro de los estudios de Feng Shui realizados fue el de un restaurante en la playa. Los dueños previos habían logrado mantener el negocio con mucha dificultad. Como ya dije uno de los principios del Feng Shui es conocer la historia del lugar. En este caso su historial era muy pobre. Ninguno de los negocios anteriores había tenido éxito. La decoración existente consistía de una serie de cuadros colgados de las paredes, que mostraban peces de distintos colores nadando en las profundidades del mar. Todos los peces estaban en línea, uno detrás del otro. Parecía un ferrocarril marítimo de peces, todos ellos dirigiéndose hacia el exterior del local. El mensaje de los cuadros era muy claro: salgamos todos, al unísono, vámonos fuera de aquí. Este tipo de mensajes son sutiles pero muy efectivos. El resto de los adornos producían efectos similares. Los estantes colocados al frente del restaurante eran pesados y agresivos, repeliendo y bloqueando la entrada de la energía. Los baños habían sido construidos en las áreas de las finanzas y de la fama. El área de la fama y de las asociaciones estaba ocupada por un congelador de alimentos. La puerta de entrada era estrecha y estaba alineada hacia áreas cerradas. En general el espacio reflejaba un desequilibrio total. Las recomendaciones que hicimos al nuevo dueño fueron las siguientes:

1) Instalación de espejos en la parte exterior de las puertas de los baños, para eliminar su efecto conflictivo en las áreas de las finanzas y de la fama. Los baños se pintaron: el de los hombres, que estaba en el área de las finanzas, de color violeta claro; y el de las mujeres, que estaba en el área de la fama, de color rosa claro. El área de las finanzas fue reforzada con la colocación del equipo estéreo, pues la energía electromagnética activa las finanzas.
2) Reubicación de los cuadros de peces, dirigiéndolos hacia dentro del local.
3) Instalación de espejos al lado y frente a la puerta de entrada, para dar la impresión de amplitud y ampliar así la energía que entra por la misma.
4) Instalación de una alfombra circular en la entrada para recibir a los clientes.
5) Instalación de una lámpara con dos luces y bola de cristal Feng Shui, en la puerta principal, para estimular la entrada del Ch'i.
6) Instalación de una fuente con caída de agua hacia dentro del restaurante, en el área de los benefactores.
7) Colocación de plantas colgando del techo, para que su color y su belleza purificase y armonizara el ambiente.
8) Otros cambios, entre ellos los colores de las paredes, la decoración en las diversas áreas del Ba-Gua, la música, la colocación de las mesas y la ubicación de los letreros.

Una amiga de la familia se nos acercó con un gran problema. Le sugerimos instalar una pecera en el área de los benefactores. Así lo hizo y a la semana siguiente comenzó a recibir ofertas de varios clientes interesados por sus trabajos artísticos, comenzó a vender y pronto mejoró su situación financiera.

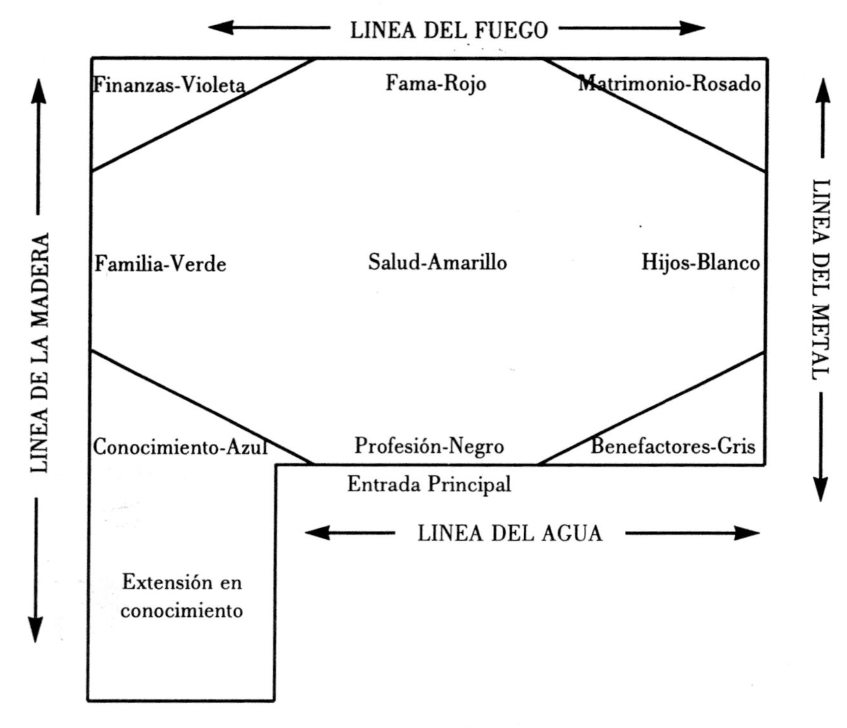

APLICACION DEL BA-GUA

Una floristería de Boca Ratón, Florida, tenía un historial de altas y bajas en el negocio. Ultimamente su situación había empeorado bastante tras haberse abierto en la zona otro negocio del mismo tipo. Después de inspeccionar su local le hicimos al dueño varias recomendaciones. Uno de los problemas existentes era la puerta trasera. La parte de atrás -finanzas, fama y asociaciones-, estaba afectada por un corredor de servicio. Este corredor de servicio era usado por los camiones de entrega y por los de recogida de basura. Nuestras recomendaciones incluyeron entre otras, la instalación de un espejo debajo de la caja registradora, la colocación de plantas vivas cerca de la misma caja, la instalación de las monedas de los diez emperadores chinos, y también echar semillas a los pájaros en el corredor de servicio. Los pájaros al volar y mover sus alas traen felicidad y hacen que fluya el Ch'i. Pocos días después de haber realizado los cambios, incluyendo las semillas a los pájaros, el negocio comenzó a recuperarse, aumentando sus ventas considerablemente.

Un médico amigo nuestro nos pidió consejo para mejorar las relaciones entre los empleados de su consulta. Existían problemas entre ellos por diferencias de carácter y personalidad y él quería hacer lo posible para mantener a todos sus empleados. Le sugerimos colgar varias campanas o móviles de sonido en los pasillos y salón de conferencias. Los escritorios estaban casi todos contra la pared. Sugerimos la instalación de espejos para proveer a los empleados con más visibilidad, especialmente sobre lo que estaba pasando detrás de ellos. La colocación de plantas y cuadros con paisajes de la naturaleza, contribuyó también a crear un ambiente más armonioso. El sistema de música indirecta estaba averiado. Sugerimos el arreglo del mismo y el uso de música clásica y suave. Todos estos cambios produjeron resultados asombrosos. Las relaciones entre los empleados mejoraron rápidamente, al implementarse éstas y otras recomendaciones.

Cuando el negocio vaya muy lento, queme incienso de su selección y páselo por el teléfono, la registradora, la máquina de las tarjetas de crédito y alrededor de la persona que lo atienda. Refuerce con los Tres Secretos.

La posición más propicia para equipos, muebles y adornos de metal es en el área de los hijos. De este modo se activa la creatividad y también las relaciones entre padres e hijos. Reforzar con los Tres Secretos.

Es conveniente que la proporción entre ventanas y puertas de una casa no pase de 3:1.

Mejore sus ingresos y su situación económica instalando una pecera en el área de las finanzas de su casa, oficina o negocio, ya sea el salón o cualquier otra habitación. La pecera simboliza el fluir del dinero y la prosperidad.

Siembre arboles frondosos en la parte izquierda de la casa (mirando hacia la casa desde el frente). Los arboles no deben alinearse con puertas y ventanas ni estar excesivamente cerca. El área izquierda de la casa corresponde al elemento madera. Los arboles actúan como barreras protectoras y nutren con energía vital el área que les rodea.

El Ch'i se estanca y no fluye cuando existen cuartos, escaparates o gavetas llenos de objetos polvorientos que no se usan, como cajas, paquetes, periódicos y otros. Organícese y trate de seleccionar aquellos objetos que en realidad necesite. Disponga del resto vendiéndolos, regalándolos o desechándolos. A medida que vaya sacando objetos fuera de su espacio, ira limpiándolo de apegos al pasado que frenan su desarrollo y su evolución. El vacío creado atraerá energía positiva, vitalidad y prosperidad.

El Ch'i encuentra resistencia en su fluir en presencia de escaleras espirales, escaleras que enfrentan o cortan puertas de la calle, pisos de diferentes niveles, paredes y techos inclinados, paredes que cortan o bloquean puertas de entrada, corredores sin salida, esquinas oscuras, descansos de escaleras, espacios oprimidos (debajo de una escalera). Soluciones: Colgar móviles de sonido, bolas de cristal, colocar plantas en esquinas y descansos de escaleras, instalar arreglos florales, colgar flautas de bambú chinas y otros. Reforzar con los Tres Secretos.

Cuando note que las cosas no le están saliendo bien, que tiene dificultades en el trabajo y no se concretan sus deseos siendo su intención sana, sincera y sin motivación egoísta, medite acerca de su casa, considere las formas, los muebles, los colores y los objetos, piense cómo están y dónde se encuentran. Piense como podría mejorar su ubicación y hacer que la vista de las distintas superficies fuese más armónica. Después de la observación y el análisis, aplique los principios del Feng Shui: Instale papel de un color apropiado en el baño ubicado en el área de las finanzas, pinte cada cuarto del color que le corresponda, instale espejos, o bolas de cristal en los espacios apropiados, cuelgue móviles de sonido o flautas chinas, para elevar y reforzar el Ch'i. El Feng Shui es una forma de cambiar los patrones de resistencia y bloqueo que existen en los canales de la prosperidad, a fin de atraer la felicidad, la abundancia física y la armonía. Trate de cambiar aquello que específicamente sea más necesario en este momento de su vida y notará cómo pronto surgen nuevas soluciones. Proceda paso a paso.

Cuando la situación en la pareja sea delicada, calladamente compre una planta pequeña, con flores rosadas, y colóquela en el área del dormitorio correspondiente al matrimonio. Refuerce con los Tres Secretos. Para mantener la armonía repítalo cada semana.

El Ch'i del hábitat debe complementarse con el Ch'i personal para que se manifieste la armonía en todas sus expresiones mundanas y espirituales.

Las habitaciones oscuras y estrechas contienen mucha energía Yin y deben decorarse con espejos, luces, pinturas de paisajes y escenarios espaciosos, atributos todos ellos del Yang, a fin de crear un espacio de armonía.

Las habitaciones muy espaciosas y brillantes contienen un exceso de Yang y deben complementarse con plantas, objetos de arte pesadas, esculturas, muebles, alfombras y superficies de formas circulares y colores oscuros, atributos del Yin, para crear un espacio de armonía.

Toda decoración de Feng Shui debe reforzarse con los Tres Secretos.

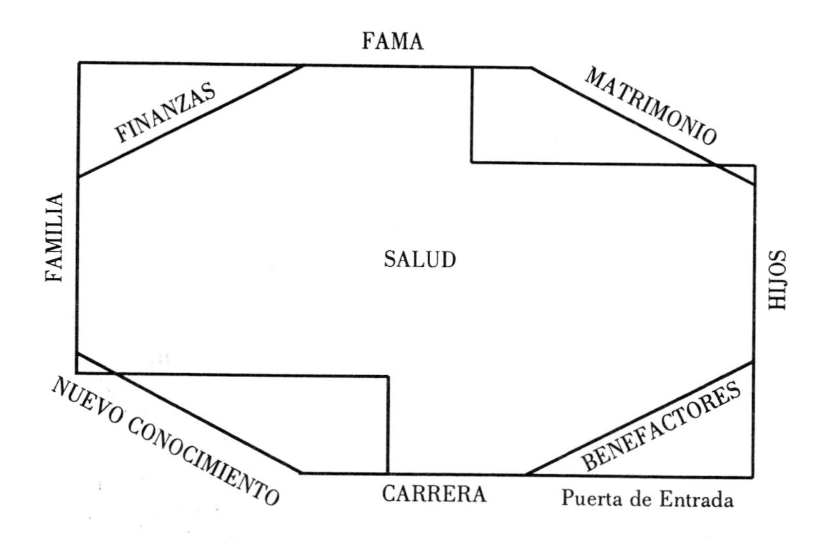

ACTIVIDADES AFECTADAS: 1) Matrimonio, 2) Nuevo conocimiento

El Feng Shui urbano

El centro focal del Feng Shui se encuentra en Hong Kong, la ciudad más sofisticada del lejano Oriente. En Hong Kong están establecidas las grandes compañías multinacionales que compiten en ambos mercados, el Occidental y el Oriental. No existe otra ciudad en el lejano Oriente que utilice más el Feng Shui que Hong Kong. La mayoría de las empresas y familias con poder económico consultan con expertos de Feng Shui antes de comprar los terrenos y comenzar la construcción de sus casas y edificios. El anuncio de una inmobiliaria mencionaba apartamentos de lujo, con una gran cantidad de comodidades y excelente vista al Mar del Sur de la China. Además, también mencionaba la calidad del Feng Shui presente en el diseño y las formas del edificio. Los emperadores Chinos consultaban siempre con sus expertos de Feng Shui antes de seleccionar el lugar y de diseñar los planos para la construcción de palacios y monumentos.

Aun cuando el planeamiento de una ciudad sea bueno, las nuevas construcciones pueden alterarlo. Comunidades residenciales provistas de áreas verdes, paseos, parques, lagos y buen Ch'i, con frecuencia se ven alteradas por la construcción de edificios de apartamentos, esquinas, autopistas y otras edificaciones que destruyen la armonía del conjunto.

En la ciudad los edificios toman el lugar de las lomas y montañas, las calles son los ríos y la vegetación es la fuerza vital. Las formas de los edi-

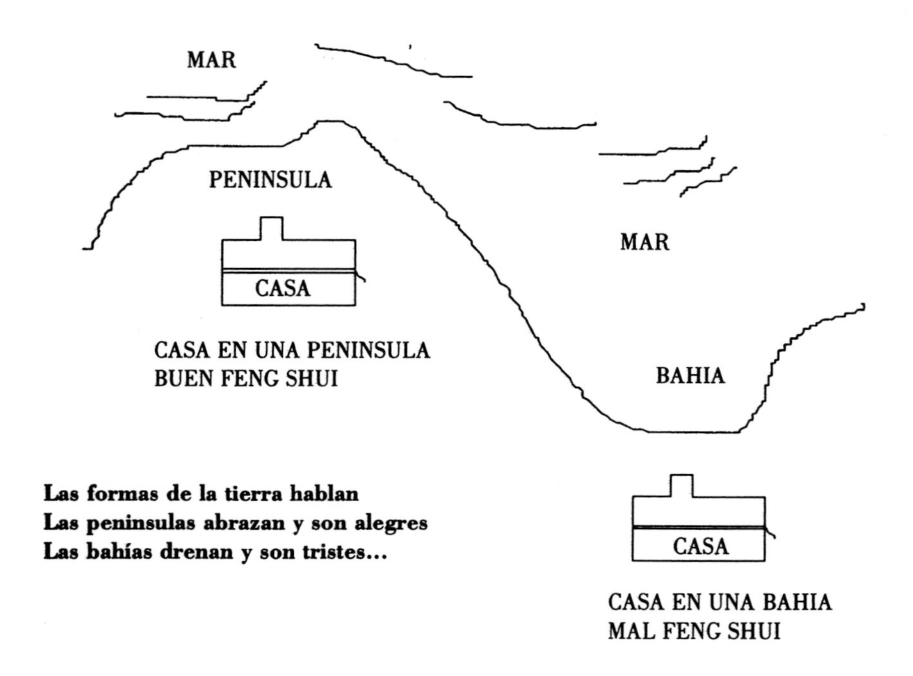

ficios, el alineamiento de las calles y la presencia de vegetación son factores muy importantes que inciden en la armonía de una comunidad.

Es frecuente que las nuevas construcciones alteren el Ch'i de un lugar. Un nuevo edificio de apartamentos estaba opacando y presionando al apartamento de una familia, que acudió a nosotros pidiendo consejo. Una de las soluciones de la tradición consiste en colgar espejos hexagonales en la parte exterior de la casa, enfrentando a la forma del edificio agresor. El espejo refleja y devuelve cualquier tipo de influencia negativa. También puede usarse el espejo del Ba-Gua. Existen tres tipos de espejos Ba-Gua, el plano, el cóncavo y el convexo. El espejo convexo disminuye y reduce los efectos adversos o negativos provenientes del exterior. Este espejo convexo no debe ponerse en la puerta de entrada a negocios, pues su efecto podría reducir el numero de clientes, aunque dicho efecto negativo puede solucionarse en el momento de hacer la intención, es decir, con los Tres Secretos. Los espejos cóncavos atraen y retienen la energía en el caso de que esté siendo drenada, debido a corrientes adversas de ríos, calles etc.

Uno de los más famosos inversionistas en el campo de los bienes inmuebles es el Sr. Donald Trump. El Sr. Trump decidió utilizar los servicios de expertos de Feng Shui para cambiar el diseño de varios de sus edificios. El resultado fue tal que desde entonces ha seguido realizando estudios de Feng Shui en todas sus propiedades inmobiliarias. En los Estados Unidos existen muchos casos similares.

Otro promotor inmobiliario construyó en 1990 una torre de oficinas en Coconut Grove, Florida. Unas semanas después de terminada la construcción el inquilino más importante se declaró en quiebra, dejando el edificio casi vacío. Uno de los accionistas principales calificaba la situación como "caótica." Entre los socios de la empresa inmobiliaria había un señor Chino. Fue él quien sugirió la idea de traer de China un Maestro de Feng Shui, para que revisara el diseño del edificio. A principios de 1993 la mitad del edificio se encontraba sin alquilar. Finalmente decidieron traer al Maestro de Feng Shui quien rápidamente les dijo que el diseño del edificio impedía el flujo de la energía o Ch'i. La entrada principal estaba obstruida por una fuente de agua y una escultura, a la vez que consistía de muchas formas angulares y agresivas. El diseño del lobby también generaba resistencia y bloqueaba la energía. El Maestro de Feng Shui reviso todo el edificio y recomendó cambios en el diseño de la puerta principal y en la oficina del gerente. Poco después de haberse realizado dichos cambios la suerte del edificio comenzó a variar. Se empezaron a firmar nuevos contratos de arrendamiento y varios de los inquilinos existentes expandieron su negocio. En pocos meses el edificio estaba completamente alquilado. En la actualidad dicha torre de oficinas se encuentra ocupada en un 100 %. La misma empresa está construyendo en aquella zona un edificio de apartamentos, ahora siguiendo los principios del Feng Shui. Dicho edificio presenta una vista majestuosa, frente al mar, sus líneas y sus balcones tienen formas agradables, suaves, sin esquinas afiladas, ni cortes.

El Feng Shui es una herramienta capaz de generar armonía física en los edificios, los ambientes y las personas. La naturaleza de este arte se puede captar también en las antiguas culturas griega, romana y árabe. Esta antigua herramienta es sin embargo algo nuevo para nuestra arquitectura y nuestra cultura modernas. Es un sistema que ayuda a expandir nuestra consciencia para integrarla con la naturaleza. Nos llega en un momento crítico, en el que nuestra sociedad se halla abrumada por numerosos problemas. La debilitación de los sistemas ecológicos está afectando ya a la propia manifestación de la vida en nuestro planeta. Este método antiquísimo, con sus soluciones lógicas e ilógicas, nos enseña a crear ambientes de armonía. Con él tenemos la oportunidad de complementar nuestra cultura moderna (Yang) con la simplicidad de unas soluciones procedentes de un pasado remoto (Yin), a fin de crear la unidad del Tao.

Soluciones de la tradición para el hogar y la oficina

Durante épocas de cambio y de mucho trabajo y tensión, sencillos ajustes basados en la tradición del Feng Shui pueden resultar de gran ayuda, contribuyendo a atraer más claridad de pensamiento, paz mental y prosperidad. Las siguientes son nueve formas de mejorar el ambiente local:

1. Para lograr más claridad, colocar móviles de bronce, justamente colgando a 9 unidades (centímetros o pulgadas) del techo, frente a la puerta principal y por el lado interior.
2. Para obtener ayuda mental, colocar libros en lugares visibles desde la puerta de entrada.
3. Para mejorar la salud física y mental, colocar tanto la cama en la que se duerme como el escritorio en el que se trabaja de modo que desde ambos se divise la puerta de entrada al dormitorio y oficina respectivamente.
4. Para reducir la tensión colocar dos espejos, uno frente al otro, de tal forma que al entrar en la casa u oficina haya que pasar entre ellos.
5. Para mantener el amor y cultivar la armonía y la comprensión en la pareja colgar en el dormitorio un espejo circular.
6. Para mejorar la economía y las finanzas instalar un espejo en la cocina, detrás de los fuegos, de forma que éstos se reflejen en el espejo. Los fuegos u hornillas de la cocina simbolizan la prosperidad y la buena suerte.
7. Para cultivar un ambiente de bienestar en general, situar flores en el dormitorio, el estudio y la cocina.
8. Para reforzar su evolución personal, mover 27 objetos que no se hayan cambiado de posición durante un año.
9. En tiempos difíciles, hacer ejercicios de respiración a la luz de la luna.

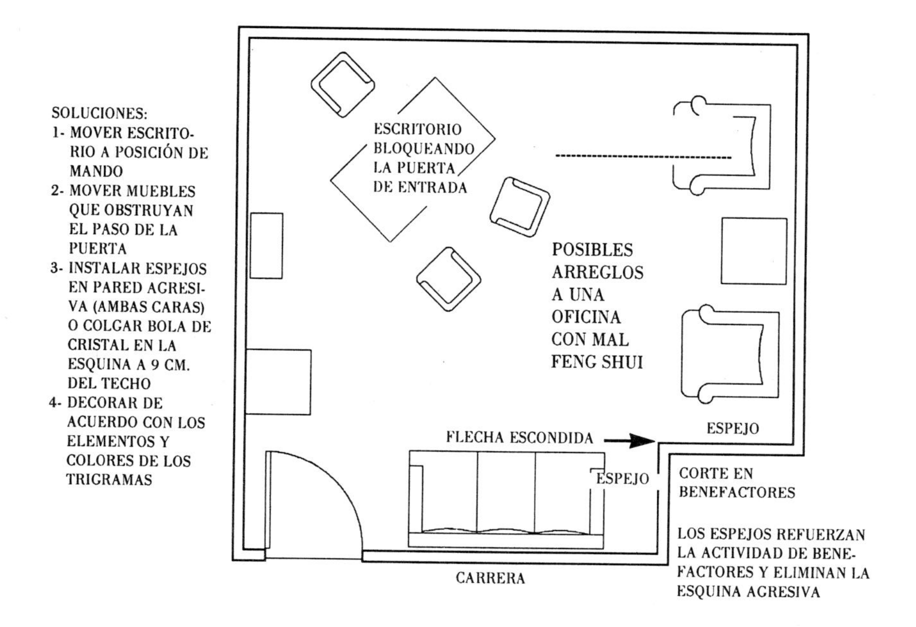

Principios de la tradición para los negocios

Todo negocio en crecimiento requiere una atención constante hacia las ventas, la administración y las finanzas y un esfuerzo creativo de todos los involucrados. Usando el arte chino del Feng Shui dueños y empleados pueden hacer cambios simples y económicos que generarán una mayor cooperación y más éxito en el negocio. A continuación mencionamos algunas maneras sencillas con las que se puede crear un ambiente de prosperidad y crecimiento.

Para expandir la visión y la imaginación, colocar un espejo pequeño circular debajo de la almohada de dormir.

Para estimular el espíritu creativo, colocar una pequeña campanilla de bronce en el centro y al lado derecho de su escritorio de trabajo.

Para reforzar su visión y claridad mental, trate de usar un escritorio amplio, que tenga suficiente espacio para la expansión de sus ideas.

Para ayudarle a alcanzar decisiones acertadas, sitúe su escritorio en una posición de poder, en la esquina izquierda de la pared más alejada de la entrada principal a la oficina.

Para aumentar la eficiencia y el magnetismo personal, coloque su escritorio de modo que desde él divise la puerta de entrada a la oficina,

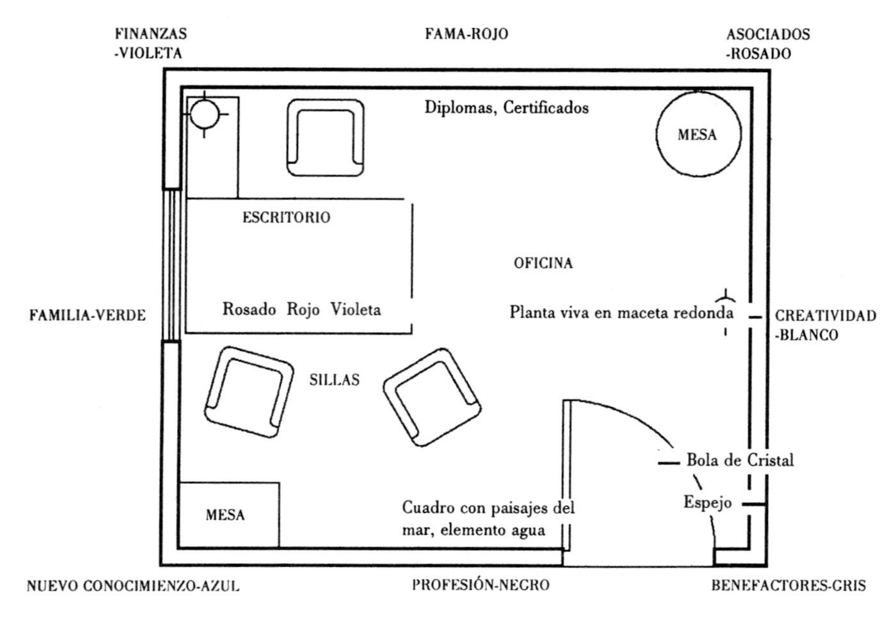

MOVER ESCRITORIO A POSICION
DE PODER (SI ES IMPOSIBLE)

MAL FENG SHUI:
1- ESCRITORIO FRENTE A LA PUERTA
2- PUERTA ABRE HACIA ESPACIO CERRADO

SOLUCIONES:
1- INSTALAR BOLA DE CRISTAL FENG SHUI ENTRE ESCRITORIO Y PUERTA
2- INSTALAR ESPEJO A LA ENTRADA
3- HONRAR COLORES DE LOS TRIGRAMAS -FINANZAS -FAMA Y ASOCIADOS (COLORES, CUADROS, LAMPARAS, PLANTAS VIVAS)
4- HONRAR COLORES EN EL ESCRITORIO
- OTROS-

pero no enfrentándola y con su espalda dando a una pared sólida, mejor que a una ventana.

Para lograr claridad mental y concentración instale un móvil arriba, sobre la parte derecha de su escritorio.

Para dar más fuerza a sus puntos de vista cuelgue una pequeña campanita, atada con una cinta de color rojo, en la manilla interior de la puerta de la oficina.

Para estimular su creatividad instale dos espejos, en cada una de las paredes a ambos lados de su escritorio.

Para pensar y negociar eficientemente con personas difíciles, siéntese en una silla que tenga el respaldo alto, con una pared sólida detrás y con visibilidad hacia la puerta de entrada.

Para reforzar la imagen, la fama y la reputación de la compañía coloque flores de color rojo en el centro de la pared opuesta a la entrada de la oficina principal.

Para expandir el propósito y el objetivo de la compañía, instale un móvil en el centro de la sala de conferencias.

Para estimular el espíritu de cooperación entre los empleados, ilumine bien los pasillos, especialmente si hay muchas puertas.

Para activar el apoyo del público visualice las caras de cinco personas que puedan ayudarle en su negocio, al menos 3 veces cada día durante 3 o 9 días.

Para que los resultados de las ventas sean buenos retire todos los objetos que puedan estar obstruyendo las puertas, tanto en la oficina como en su hogar.

Para incrementar el mercado eche semillas a los pájaros desde la entrada principal, sobre la acera, cuando esté solo.

Para asegurarse buena fortuna escoja un espacio o local en el que los ocupantes anteriores tuvieron éxito.

Para mejorar la eficiencia y la productividad de un negocio las puertas del cuarto de baño no deben ser visibles desde la entrada principal.

Para reducir las tensiones y mejorar las relaciones humanas en la oficina, negocio o casa, instale un espejo a cada lado de la puerta principal, de forma que haya que pasar entre ellos al entrar.

Para mejorar el aspecto económico recoja agua de nueve negocios prósperos y coloque el recipiente con ese agua en la esquina izquierda de la pared más alejada, frente a la puerta de entrada principal.

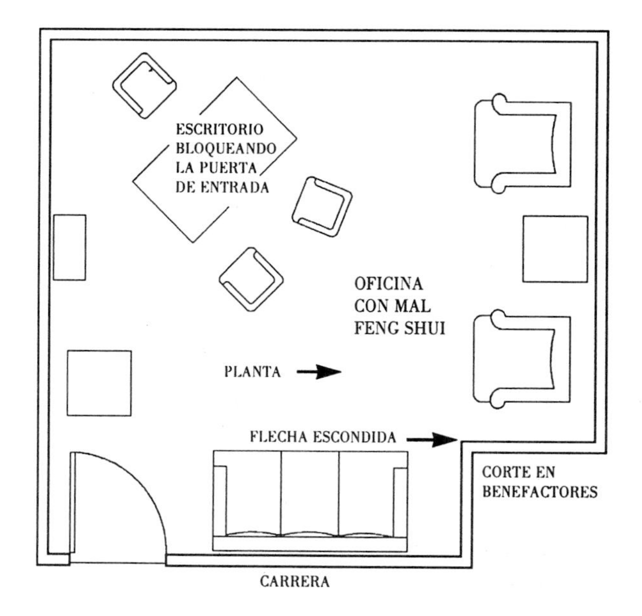

Si trabaja frente a formas angulares que apuntan hacia usted (esquinas de paredes o columnas) mueva su escritorio o suavice las esquinas con plantas, móviles o una bolita de cristal de Feng Shui. La bolita puede ser de 20 mm. de diámetro y se debe colgar a nueve unidades del techo (pulgadas o centímetros), alineada con el filo de la esquina.

Para aumentar las ganancias del negocio instale un espejo que refleje agua, símbolo de la riqueza.

Para incrementar las ventas haga que los vendedores trabajen lo más cerca posible de la puerta principal.

Para promover un gran movimiento de mercancía escoja un local que tenga una puerta bien grande.

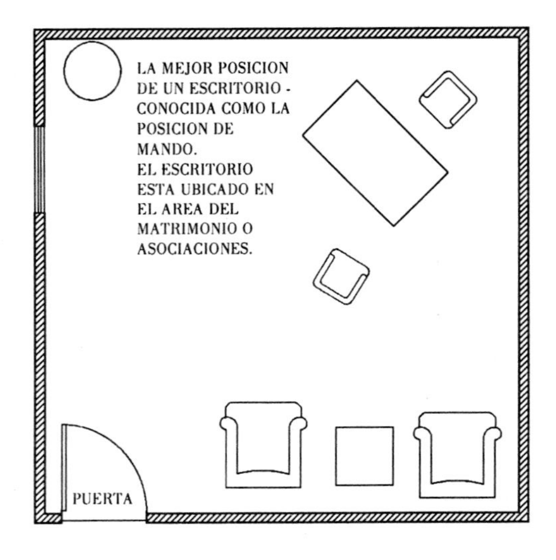

OFICINA

Para cultivar la prosperidad y la armonía en el negocio, coloque flores frescas en la oficina del director, en la recepción y en el área de descanso de los empleados.

Para que los empleados trabajen mejor, evite colocar los escritorios alineados con las puertas.

Para multiplicar su fama y su éxito instale un móvil sobre la cabecera de su cama.

Para acelerar el crecimiento de un negocio, salude a una nueva persona cada día durante 27 días consecutivos, con alegría, sin hacer ningún comentario de queja o crítica.

La puerta principal de un negocio es la que fue construida inicialmente. Cuando por algún motivo esta puerta es cancelada para usar una entrada alterna, la energía del negocio siempre sufre una disminución, que genera una pérdida de oportunidades.

La tapa del inodoro debe cerrarse antes de tirar de la cadena o accionar el dispositivo del agua, y deberá permanecer siempre cerrada mientras no se use, a fin de evitar que la suerte y la prosperidad se drenen fuera de la casa.

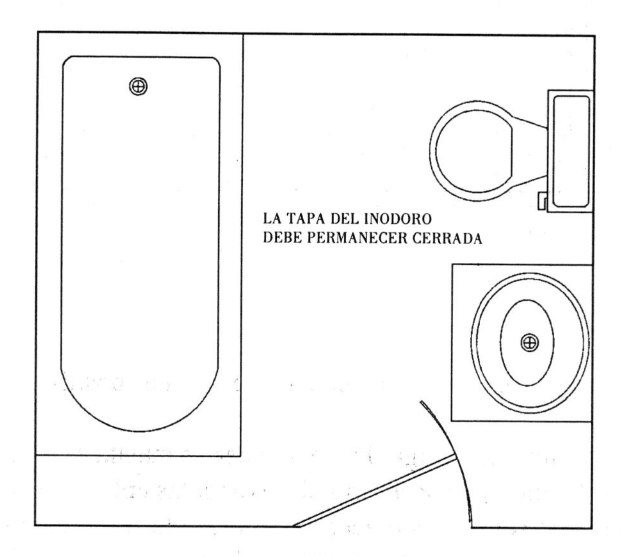

En un negocio la caja registradora deberá situarse en el área de las finanzas. Si esto no fuera posible es conveniente ubicarla lo más cerca posible de la puerta de entrada. En ausencia de la caja registradora el área de las finanzas deberá ser reforzada con una luz, una lámpara o un televisor.

Si se sitúa la caja registradora en el área del conocimiento el éxito dependerá del trabajo y de la dedicación del propietario. El área de los benefactores es mucho más propicia para atraer el éxito pues esta posición facilita las ayudas imprevistas y la popularidad.

Para incrementar su fuerza vital cuelgue una flauta de bambú china sobre el marco interior de la puerta de entrada a su oficina.

Dos luces instaladas en el área de los benefactores atraen clientes y popularidad.

Las superficies de los techos, las paredes y los suelos deben ser lisas. El Ch'i no fluye adecuadamente cuando el suelo tiene diferentes niveles.

Antes de mudarse investigue la historia del lugar. Si los negocios

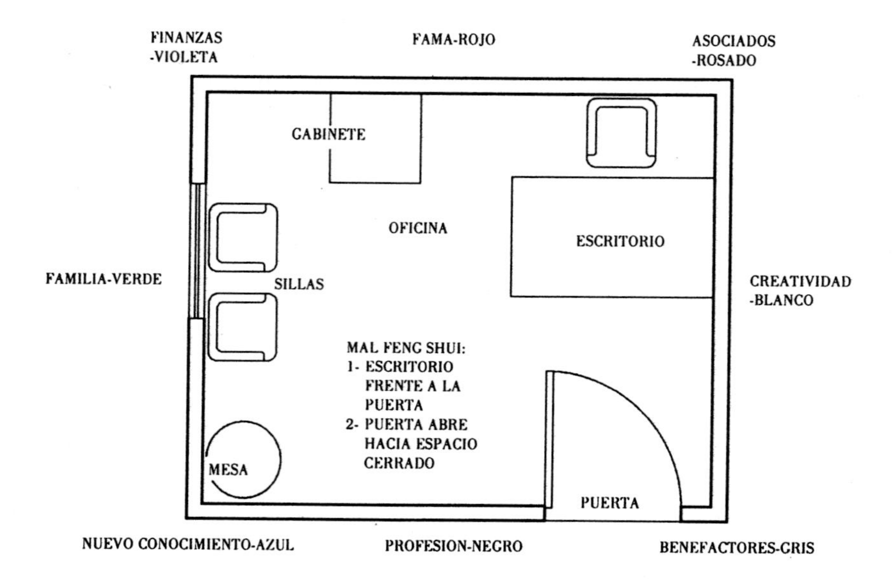

anteriores tuvieron éxito ello indicará que el Ch'i es positivo para ese tipo de negocio.

Al buscar un nuevo lugar hay que tener en cuenta el tráfico peatonal y el de los vehículos y es necesario observar si las entradas al edificio o al centro comercial son de fácil acceso. El ejemplo de la página siguiente muestra una esquina con varios establecimientos. Los negocios 1 y 2 están bien ubicados pero el 3 es el más propicio, pues su puerta principal es amplia y con buena visibilidad. Es establecimiento número 4 tiene su entrada bloqueada por una columna que divide la puerta en dos y crea una imagen de confusión que interfiere negativamente con la captación de clientes.

La mejor posición para el escritorio del administrador general o del dueño de un negocio es lejos de la puerta principal y hacia el área de las finanzas. El escritorio deberá colocarse en la posición de poder, con visibilidad hacia la puerta pero sin estar frente a ella.

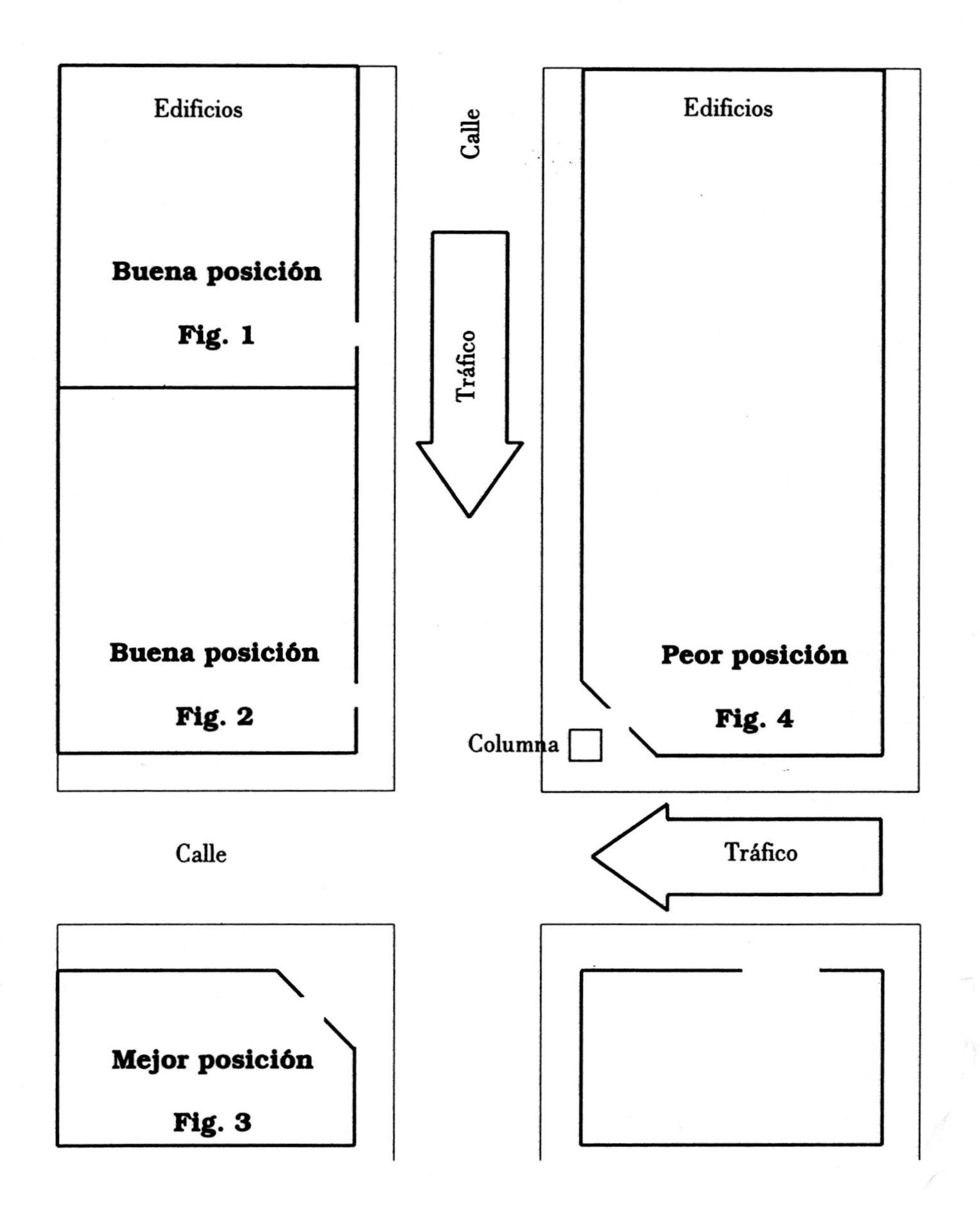
Edificios
Calle
Edificios
Buena posición
Fig. 1
Tráfico
Buena posición
Fig. 2
Peor posición
Fig. 4
Columna
Calle
Tráfico
Mejor posición
Fig. 3

El Ba-Gua de un negocio

El esquema del Ba-Gua se dibuja o se visualiza alrededor del perímetro del espacio que ocupa el negocio, alineando siempre las actividades "Conocimiento-Profesión -Clientes" con la entrada principal, de este modo sabremos cual es la ubicación que debe tener cada una de las actividades mundanas del negocio,de los dueños y de los empleados. Cada oficina tiene su Ba-Gua particular, que se visualiza del mismo modo que el general del negocio. La entrada representa siempre la línea del agua. Si por ejemplo, la oficina situada en el área de clientes (benefactores) presenta algún conflicto por deficiencias en las formas, diferencias en las personalidades u otros motivos, esta situación afectará el flujo de la energía y debilitará el comportamiento de los clientes, de las ventas y los ingresos.

←------------------ Pared de atrás del local ------------------→

FINANZAS	FAMA	SOCIOS
FAMILIA	SALUD	CREATIVIDAD
CONOCIMIENTO	PROFESION	CLIENTES

← ALINEAR CON PUERTA DE ENTRADA

Ba-Gua de un negocio

En cada oficina su Ba-Gua particular se alineará con la puerta de entrada. Si ésta se halla ubicada en un ángulo de 90 grados con respecto a la puerta principal, el Ba-Gua de la oficina se dibujará con un ángulo de 90 grados con respecto al Ba-Gua del negocio.

Dentro de una oficina, cada escritorio tiene su Ba-Gua particular, colocando la línea del agua (Conocimiento, Profesión y Benefactores) en el lugar donde se sienta la persona que trabaja en él.

Todos los Ba-Guas deben complementarse para crear un espacio de equilibrio y armonía, cada uno dentro de su espacio propio. No existe ningún Ba-Gua más importante que otro. Pequeñas áreas en desequilibrio, en un rincón de una habitación o en un armario pueden estar afectando aspectos de la vida de los ocupantes del lugar.

Los colores en el Feng Shui

En el Feng Shui se usan los colores que corresponden a cada actividad mundana para reforzar el área que la representa. Por ejemplo, el área del conocimiento se puede ajustar utilizando objetos, luces, superficies o cuadros de color azul, con ello se contribuirá a mejorar las actividades culturales y de autoayuda. Si esta decoración se refuerza con los "Tres Secretos" el resultado será aún mayor.

En el Feng Shui, según las enseñanzas del Maestro Lin Yun, los colores que se asocian con cada actividad mundana son los siguientes:

ACTIVIDAD MUNDANA	COLOR
Fama y reputación	Rojo
Matrimonio y asociaciones	Rosa
Hijos y creatividad	Blanco
Benefactores	Gris
Carrera y profesión	Negro
Nuevo conocimiento	Azul
Relaciones familiares	Verde
Finanzas	Violeta

¿Qué ropa debo usar hoy? El color es seleccionado por la energía del Ch'i y de acuerdo al lugar y la ocasión. El color seleccionado afectará al ánimo de la persona durante todo el día. En general al elegir un color lo hacemos según nuestro estado de consciencia en los tres niveles: objetivo, subjetivo y trascendental.

Visualización del Ba-Gua

El Ba-Gua es también el marco de referencia que asocia la teoría de los ciclos y colores de los elementos con todas sus correspondencias. Al visualizarlo sobre una comunidad, un terreno, una casa o un lugar de trabajo, descubrimos las áreas que corresponden a cada trigrama. Cada trigrama simboliza un color, una actividad y una manifestación de la fuerza creadora universal o Ch'i. Si honramos cada área con el color, la forma o la energía correspondientes, estaremos reforzando y facilitando el flujo de la energía creadora que es la fuerza vital o Ch'i.

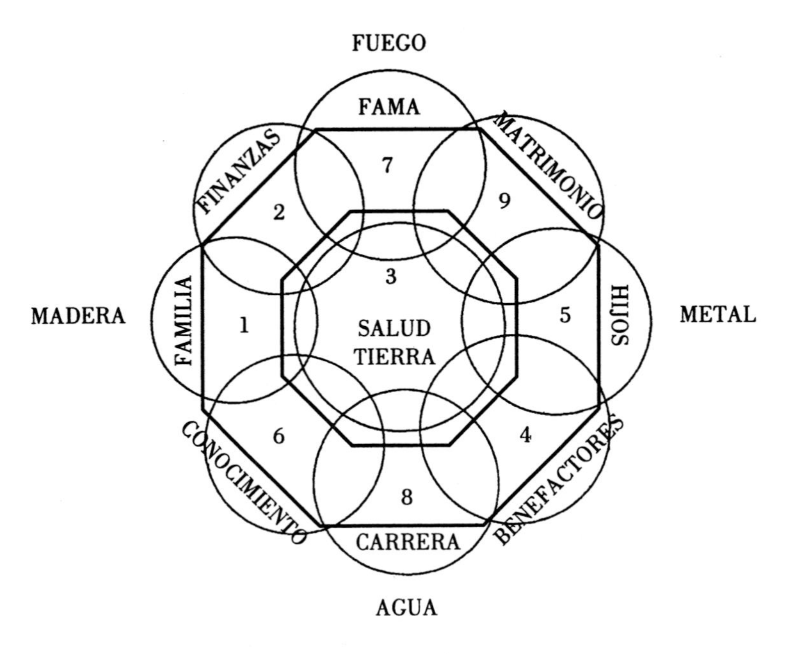

Líneas y círculos del Ba-Gua

La distribución del los trigramas del Ba-Gua tiene un cierto parecido con las "casas" utilizadas en los estudios astrológicos. En la astrología tradicional se usan doce casas que proyectan un mapa de las actividades del ser humano. Estas doce casas se distribuyen alrededor del círculo zodiacal. Cuatro de ellas son las que determinan la alineación del círculo zodiacal con relación a los cuatro puntos cardinales. El Ascendente se coloca en la parte izquierda de la carta natal astrológica, indicando el punto por el que el sol se eleva cada mañana. El ascendente representa la dirección Este y se corresponde con la primavera. El medio-cielo es el punto culminante que el sol alcanza en el firmamento, en la dirección Sur, irradiando su intenso calor y luz. Se corresponde con el verano y es representado en la parte superior de la carta natal por la casa 10. El descendente indica el poniente del sol en el Oeste, corresponde al otoño y es representado por la casa 7. El nadir indica el Norte, la noche y el invierno y se asocia con la casa 10 que ocupa el punto inferior de la carta natal.

Así, la astrología tradicional proyecta las casas en un marco de referencia que toma como base el año solar y la elíptica. Las cuatro casas direccionales, o cardinales están relacionadas con el Ba-Gua del siguiente modo:

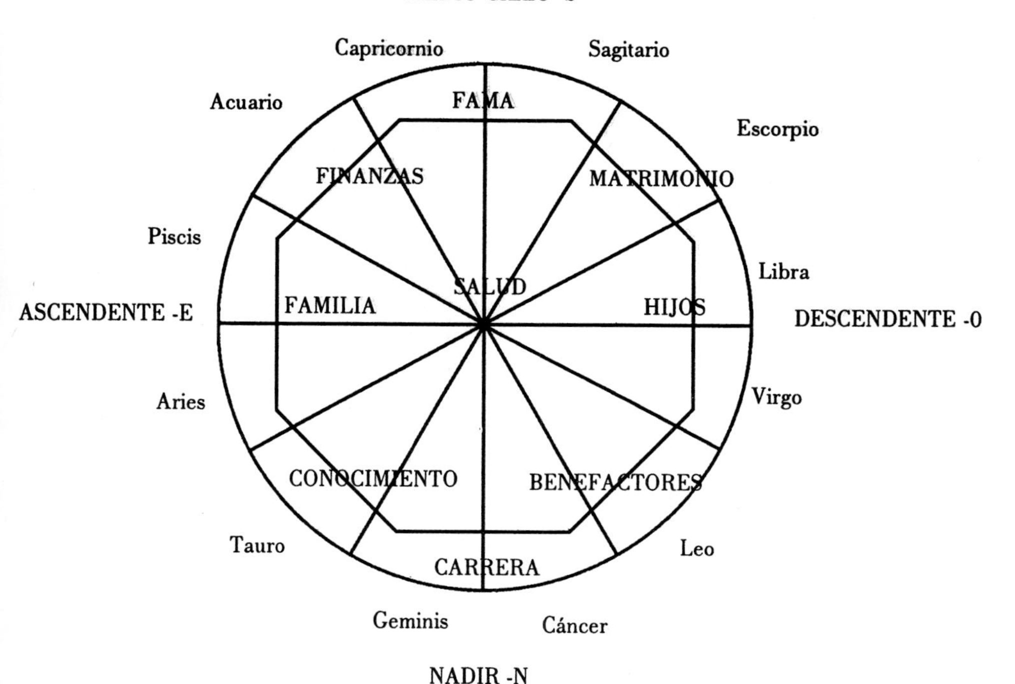

Correspondencias del Ba-Gua y la astrología

Cada casa natal abarca un ángulo aproximado de 30 grados.

Cada trigrama abarca un ángulo de 45 grados.

El Ba-Gua simboliza también el control de los elementos. Sus cuatro lados direccionales o cardinales representan las cuatro direcciones: Este, Sur, Oeste y Norte, de la siguiente forma:

1. Madera, Este, Familia, a la izquierda. Este lado se identifica como la "línea de la madera."

2. Fuego, Sur, Fama, en la parte superior. Este lado lo identificamos como la "línea del fuego."
3. Metal, Oeste, Hijos, a la derecha. Este es el lado que se identifica como la "línea del metal."
4. Agua, Norte, Profesión, en el lado inferior. Este lado lo identificamos como la "línea del Agua."

CASAS ASTROLOGICAS	TRIGRAMAS DEL FENG SHUI
Casa 1 - Este - Primavera Ascendente - Izquierda	Chen - Este - Primavera Madera - Izquierdo
Casa 10 - Sur - Verano Medio cielo - Arriba	Li - Sur - Verano Fuego - Arriba
Casa 7 - Oeste - Otoño Descendente - Derecha	Dwei - Oeste - Otoño Metal - Derecha
Casa 4 - Norte - Invierno Nadir - Abajo	Khan - Norte - Invierno Agua - abajo

Movimientos del Ba-Gua

En la Escuela de las Formas la visualización o colocación del Ba-Gua no toma en cuenta la alineación del lugar con respecto a los puntos cardinales Este, Sur, Oeste y Norte. En lugar de ello, el Ba-Gua se coloca siempre en línea con la "Boca del Ch'i."

La Boca del Ch'i es el lugar por donde entra la energía o fuerza vital en un edificio o hábitat. Este lugar es la puerta principal de entrada. Aunque en la práctica se utilicen más otras puertas, la puerta principal es siempre el marco de referencia.

El Ba-Gua siempre se alinea con la línea del agua que es la prolongación de la boca del Ch'i. La figura octogonal se calcula dividiendo en tres partes iguales cada pared del perímetro del hábitat. Si la forma del hábitat es rectangular, el Ba-Gua se ajustará a la simetría del contorno, siempre manteniendo la estructura octogonal.

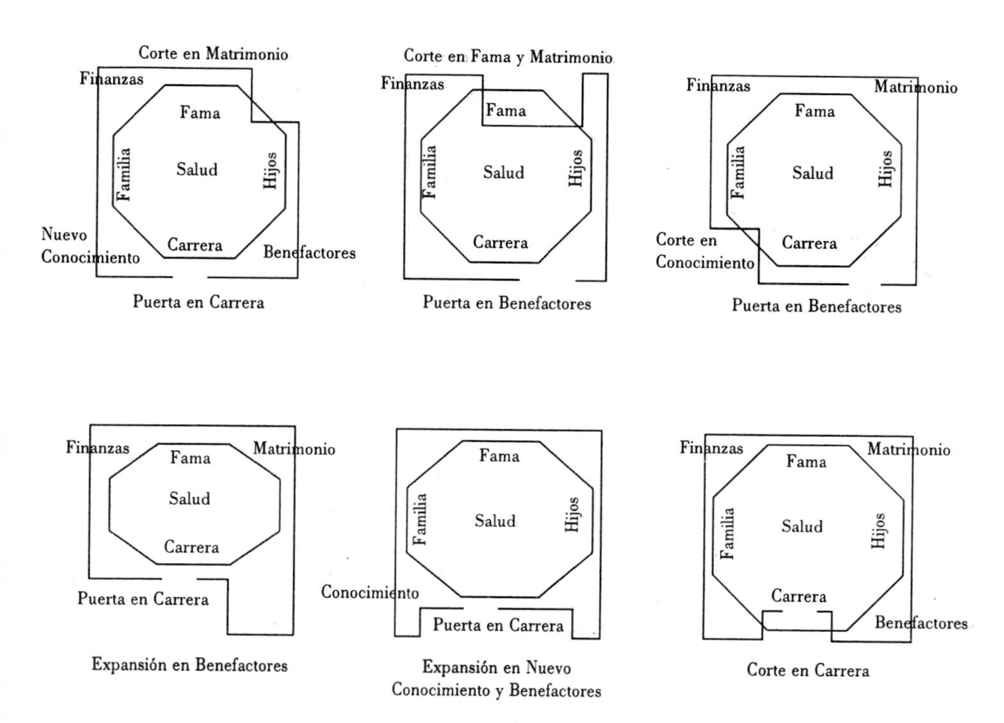

Colocando las líneas de armonía

Es muy importante recordar que el Ch'i solamente puede entrar en un hábitat por los lados del Ba-Gua que corresponden a la línea del agua, es decir: Conocimiento, Profesión o Benefactores.

Las paredes, techos y suelos de una casa son como la segunda piel del ser humano, que lo protege de las inclemencias del tiempo y le ofrece seguridad y privacidad.

Las estructuras, techos, vigas y paredes, determinan el perímetro o contorno sobre el que se coloca el Ba-Gua.

El Ba-Gua se debe visualizar sobre las diferentes partes de una propiedad:

1. El Ba-Gua del terreno donde se encuentra construida la casa.
2. El Ba-Gua de la planta baja.
3. El Ba-Gua de los diferentes pisos, en los edificios de apartamentos y oficinas.
4. EL Ba-Gua de cada habitación.
5. El Ba-Gua de la cama y del escritorio donde se trabaja.

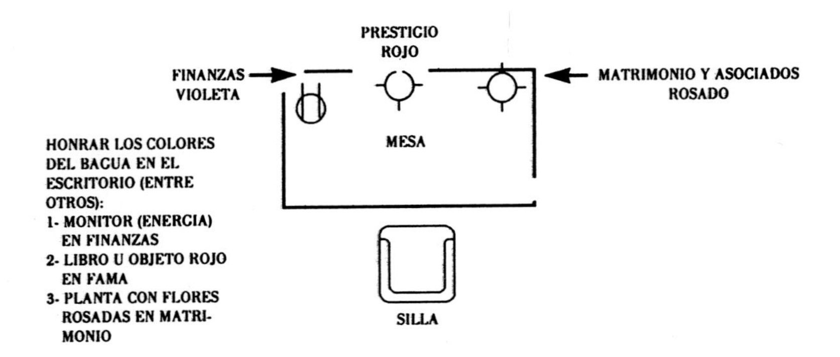

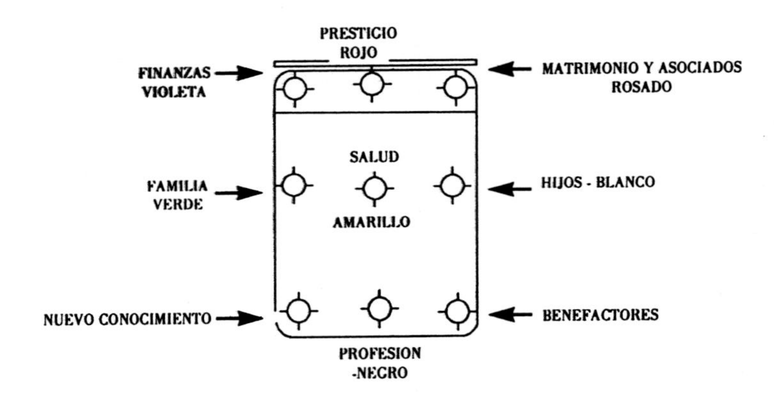

El Ba-Gua en una cama

6. Otros. (Ba-Gua de muebles, armarios, gabinetes, jardín, cuerpos, cara, manos, etc.)

El Ba-Gua se visualiza siempre de la misma manera, la fama en la parte superior y la profesión en la inferior, alineada con la entrada principal o boca del Ch'i.

El método para visualizar el Ba-Gua en una casa, propiedad o edificio es el siguiente:

1. Encontrar la posición de la Boca del Ch'i, es decir, la puerta principal de entrada al edificio, aunque en la práctica se utilice muy poco por usarse en lugar de ella la puerta de servicio, del garaje u otra.
2. Prolongar la línea de la entrada principal.

3. Dibujar o visualizar el Ba-Gua sobre el plano de la casa, alineando el lado donde se encuentra la línea del agua (conocimiento a la izquierda, profesión en el centro y benefactores a la derecha) con la puerta principal, entrada de la fuerza creadora o boca del Ch'i.

Es importante notar que la puerta principal de entrada, o Boca del Ch'i, cualquiera que sea la forma de un hábitat podrá estar localizada solamente -según lo dicho- en las actividades alineadas con el conocimiento, la profesión o los benefactores.

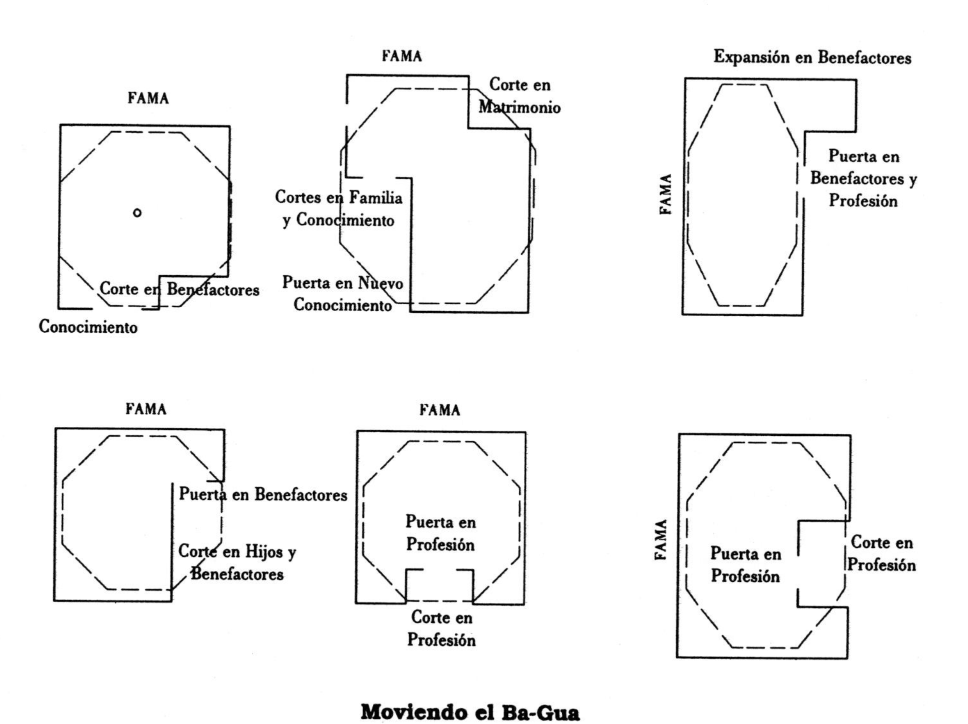

Moviendo el Ba-Gua

Influencias de las formas en el Ba-Gua

Al colocar el Ba-Gua en un hábitat pueden ocurrir los siguientes fenómenos:

1. Areas cortadas.
2. Areas extendidas o expandidas.
3. Areas fuera del Ba-Gua

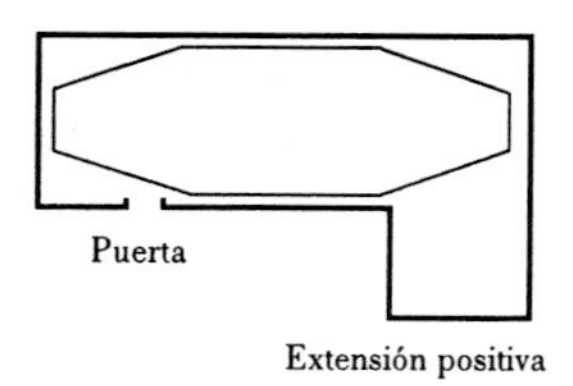

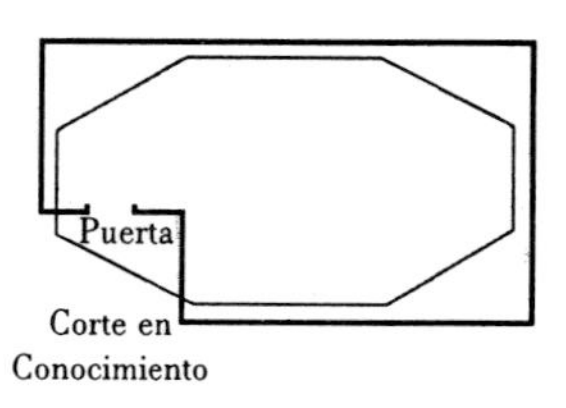

EN LAS CASAS EN FORMA DE "L" CUANDO LA PARED DONDE ESTA SITUADA LA PUERTA DE ENTRADA ES MENOR QUE LA MITAD DE LA LONGITUD TOTAL DE ESE LADO DE LA CASA, LA LINEA DE AGUA DEL BA-GUA SE HACE COINCIDIR CON LA PARED MAYOR DE DICHO LADO, GENERANDOSE ENTONCES UN CORTE.

Casas tipo "L"

1. Areas cortadas.

El corte se produce cuando existen formas tipo "L" u otras formas irregulares o de tipo zigzag. El área sobresaliente originará una adición o un corte según sea su longitud. Si su longitud representa la mitad, o más de la mitad de la longitud total del lado de la casa donde se encuentra el área saliente, el octágono se expande hacia la pared exterior de dicha área y genera así un vacío o corte. Si la longitud de la pared saliente es menor que la mitad de la longitud total de ese lado de la casa, el octágono se alinea con la pared mayor de ese lado, generándose de este modo una extensión.

Para solucionar cortes en el Ba-Gua, sugerimos utilizar, entre otras, las siguientes soluciones:

1. Objetos brillantes
    a) Luces - Cuando se tiene control del área cortada en el exterior, se puede instalar un reflector en la esquina, dirigido hacia el techo.
    b) Espejos - Instalar espejos a cada lado de las paredes.
    c) Bolas de cristal. Colgar una bola de cristal en el borde de la esquina interior.
2. Objetos de Peso. Estatua en la esquina externa.
3. Energía de Vida. Plantas o arboles que vibren con el color del área cortada.
4. Otros.

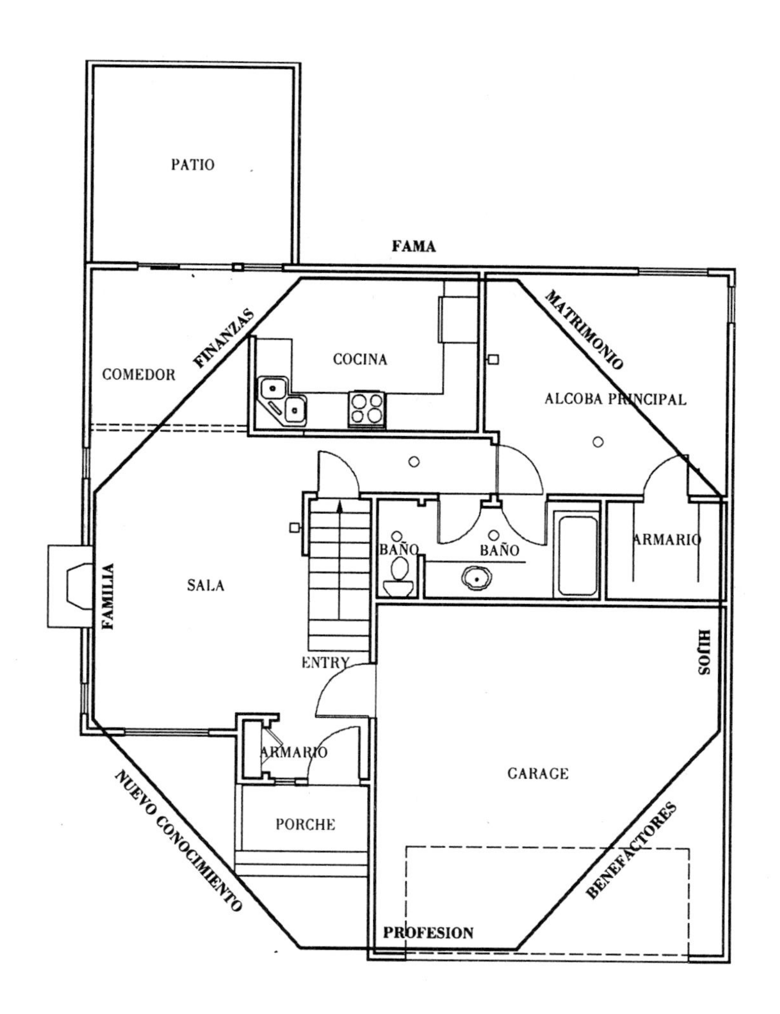

Aplicación del ba-gua sobre el plano de una vivienda. En este caso la línea del agua se ha trasladado a la pared mayor del lado de la casa en el que se halla la puerta de entrada.

2. Areas Extendidas o Expandidas.

Las áreas extendidas (o expandidas) son de naturaleza positiva y tienden a aumentar o fortificar la actividad relacionada con el área donde se encuentren.

3. Areas fuera del Ba-Gua.

Cuando un área externa al Ba-Gua se halla separada arquitectónicamente de la estructura de la casa -o cuando la pared que separa a dicha área del resto de la casa queda fuera del octágono-, en lugar de ser una extensión se dice que dicha área está fuera del Ba-Gua. Solución: Instalación de un espejo en la pared adyacente o instalación de un espejo en una pared paralela al área que se quiere integrar.

Recordemos que el Ba-Gua siempre se alinea con la fama en el lado superior, la profesión en el centro de la pared inferior, familia a la izquierda e hijos a la derecha.

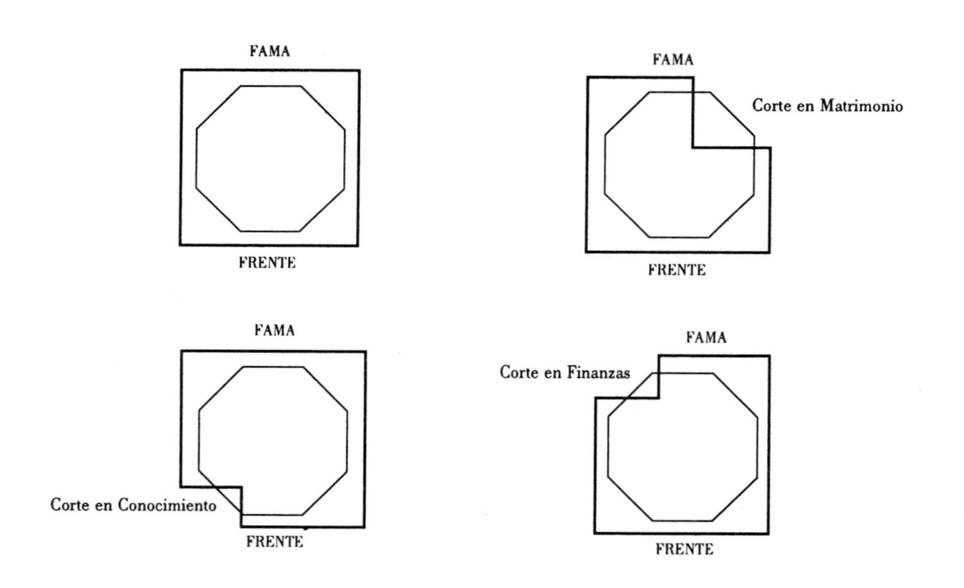

Cortes en el Ba-Gua

Areas y objetos dentro del Ba-Gua

Un atrio o patio central, ubicado en el Tai Ch'i del Ba-Gua, o centro del hábitat, es benéfico.

El baño es conflictivo en las áreas de fuego (finanzas, fama y matrimonio) y en el centro del hábitat. Soluciones: 1) Instalar un espejo en la cara exterior de la puerta de entrada al baño. 2) Colocar plantas vivas dentro del baño. 3) Instalar cortinas, si existen ventanas, que honren el color del área del Ba-Gua donde el baño se encuentra. 4) Otros.

Las cocinas causan conflictos en las áreas del agua (conocimiento, profesión, benefactores) y en el centro. Soluciones: 1) Instalar espejos detrás de las hornillas. Colocar plantas para equilibrar los elementos y espejos en las paredes exteriores de la cocina -si es ello posible- para eliminar su efecto negativo sobre las áreas mencionadas.

Una chimenea es buena por su luz y calor central. Situar plantas a cada lado si se ubican muebles en la cercanía de la misma.

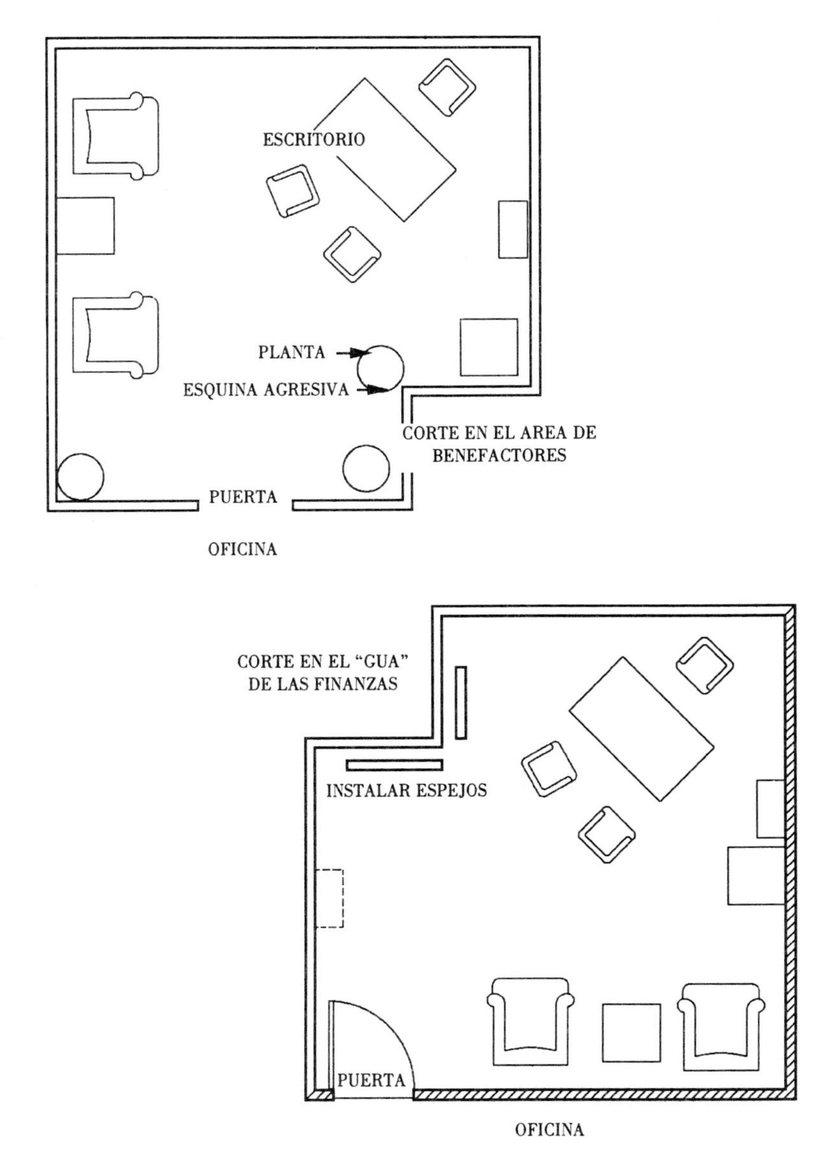

Una fuente de agua es buena. Su lugar de fuerza es en el área del agua (conocimiento, profesión, benefactores). Refuerza el Ch'i cuando se la coloca en el centro de la casa.

Las camas o escritorios de trabajo nunca deben alinearse con puertas. Solución:

1) Mover la cama hacia la posición de poder (dentro y en el área diagonal opuesta a la puerta, fuera del área de entrada del Ch'i, manteniendo vista de la misma.
2) Si la cama no puede moverse, colocar un biombo chino a los pies de la cama y colgar un espejo en forma tal que provea visibilidad de la puerta a la persona que se encuentra acostada en la misma.
3) Colgar un móvil o bola de cristal Feng Shui entre los pies de la cama y la puerta de entrada al cuarto.
4) Otros.

Cualquier situación que produzca un drenaje de energía genera perdida de oportunidades en cuanto a la suerte, las finanzas y la salud. En estos casos los hijos dejarán la casa más rápido de lo normal. El drenaje puede ser producido por inodoros, tragantes, chimeneas, puertas, ventanas y otras aberturas existentes en la casa. Se pueden producir drenajes del Ch'i, entre otras, por las siguientes circunstancias:

– Alineación de la puerta de entrada con la puerta del patio.
– Ubicación de los baños en el centro de la casa.
– Baños adyacentes a la puerta principal de entrada.
– Baños ubicados arriba de la entrada.
– Baños en la línea del fuego (finanzas, fama y matrimonio)
– Calles adyacentes que forman una curva hacia fuera de la casa.
– Ríos adyacentes que forman una curva hacia fuera de la casa.
– Casas ubicadas en bahías.
– Ventanas, pantallas, puertas, techos y estructuras rotas.
– Las plantas secas y los árboles cortados frente a la casa drenan la energía de los benefactores, la profesión y el aprendizaje. Las plantas secas dentro de la casa, drenan la felicidad, la estabilidad y la salud física y mental.
– Fugas de agua o gas y goteras en los techos.

También es muy frecuente el caso de paredes que bloquean y paredes mordientes. Los bloqueos producen un estancamiento de la energía, que puede contribuir a generar confusión, falta de concentración, pérdida de trabajo u oportunidades, dificultades para progresar en el trabajo o profesión, etc. Entre los bloqueos más comunes están los siguientes:

- Arboles, columnas o paredes que bloquean el exterior de la puerta principal de entrada.
- Puerta principal sellada, u obstruida, por falta de uso.
- Columnas, paredes o muebles que bloquean la vista de la puerta principal de entrada.
- Puertas de entrada escondidas detrás de paredes, de estructuras, o ubicadas en áreas cerradas.
- Puertas por debajo del nivel de la calle.
- Puertas y ventanas ruidosas, que no abren correctamente.
- Puertas de entrada obstruidas, que no abren libremente.
- Puertas que abren hacia áreas cerradas.
- Arboles frente a ventanas y puertas de patio.

Otra situación que se presenta con regularidad en las casas, son las formas agresivas, como esquinas de columnas, paredes, estructuras irregulares y vigas expuestas. Entre los diseños estructurales de carácter agresivo más frecuentes están:

- Las paredes y techos inclinados. (Ajustar con flautas de bambú chinas, adornos horizontales, cortinas y otros.)
- Las escaleras espirales en el centro de la casa.
- Las escaleras alineadas o mordiendo puertas de entrada.
- Las esquinas de columnas y paredes que apuntan hacia la puerta de entrada.
- Las vigas que cortan la cocina o los dormitorios.
- Las puertas de patio y las ventanas alineadas con la puerta de entrada.

Una piscina en forma curva, abrazando la casa, refleja protección. Sin embargo si la piscina apunta angularmente hacia la casa, producirá un efecto agresivo que debe ajustarse situando macetas redondas o plantas entre dicha piscina y la casa.

Es también frecuente que existan conflictos en la distribución que los elementos tienen dentro del diseño de la casa. Entre los más frecuentes están:

- El Fuego (cocina, pirámide, rojo, cuadro, chimenea) en el centro (Tierra) de la casa.

– El Fuego (cocina, pirámide, rojo, cuadro, chimenea) en el frente (Agua) de la casa.
– El Fuego (cocina, pirámide, rojo, cuadro, chimenea) en la derecha (Metal) de la casa.
– El Agua (piscina, baño, muebles negros) en la parte posterior (Fuego) de la casa.
– El Agua (piscina, baño, muebles negros) en el centro (Tierra) de la casa.

Métodos de la decoración Feng Shui

El Feng Shui es practicado por cada persona de acuerdo con sus conocimientos y su experiencia. Cada uno desarrolla sus propios sistemas y métodos de trabajo. En este libro indicamos una secuencia que puede utilizarse tanto en el uso personal como en el profesional del Feng Shui.

Categoría física (Sying)

Las siguientes son algunas observaciones visibles que debemos considerar al realizar un estudio de Feng Shui.

1. El Ch'i de la tierra

- La forma de la tierra, ríos, lagos, océanos, lomas, montañas.
- La presencia de animales, la variedad de pájaros.
- El tipo de vegetación, la vitalidad de la tierra, la presencia de árboles frondosos.
- Caminos de tierra, zonas geológicas, pozos, depósitos minerales y corrientes subterráneas.

2. La ubicación del habitat

- Una casa ubicada en el pico de una montaña está expuesta a cambios súbitos. Es una posición riesgosa.
- La casa pegada al frente del terreno está en una posición débil.
- Cuando la casa está ubicada hacia el centro del solar, su posición es propicia.
- Si la casa está situada cerca de un cementerio o aeropuerto su posición es riesgosa.

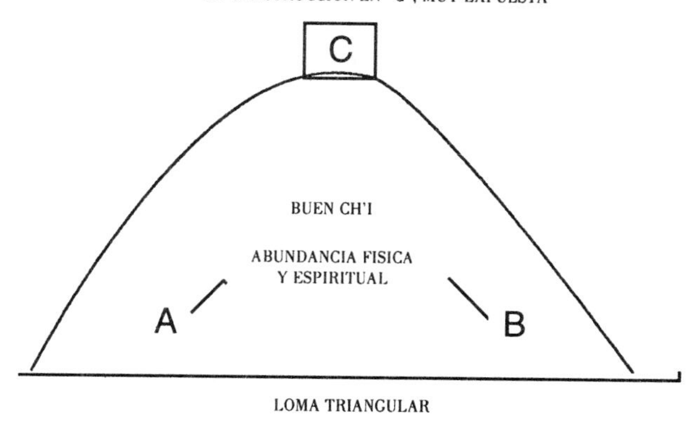

Construcciones en una loma. Comprar parcelas en la ladera, preferentemente en las áreas "A" o "B".

3. Las influencias tecnológicas

- Calles, puentes, autopistas, vías de ferrocarril.
- Líneas de transmisión eléctrica, transformadores.
- Aeropuertos, cementerios, zonas industriales.

4. La forma del solar

- Las formas rectangulares, cuadradas y redondas son positivas.
- Las formas irregulares deben ser estudiadas.
- Un terreno con forma de animal se considera positivo.
- Un terreno excesivamente abierto puede ser muy vulnerable.

5. La forma de la casa

- Las formas de objetos o animales, generalmente tienen un efecto positivo.
- Las formas cuadradas y rectangulares se consideran positivas.
- Las formas tipo L y de bota producen efectos débiles en las áreas correspondientes, de acuerdo con las líneas de armonía del Ba-Gua.
- En las áreas cortadas las adiciones o expansiones pueden ser positivas si la pared colindante se encuentra dentro de la estructura de la casa, pero serán débiles si la pared colindante se encuentra fuera de dicha estructura.

6. La entrada principal

- Es la boca por donde fluye el Ch'i
- Observar la línea del Agua y las tres alternativas de entrada
- Los pasillos de entrada hacia la puerta principal.
- Los objetos que pueden obstruir la boca del Ch'i como árboles o columnas.
- La luz y el sonido en la Boca del Ch'i.

7. La distribución de las habitaciones

- La primera vista desde la puerta principal de entrada, hacia adentro y hacia afuera de la casa o lugar de trabajo.
- La línea del centro. Regiones del Yang y del Yin. Las áreas de recepción, aprendizaje y entretenimiento deben estar delante de la línea del centro. La cocina y las áreas de reunión familiar, recogimiento y descanso deber estar situadas detrás de la línea del centro.
- La ubicación de las líneas de armonía del Ba-Gua.
- El moviendo las líneas de armonía el Ba-Gua, horizontal y verticalmente.
- La ubicación de los baños en la planta baja y el primer piso si lo hay.
- La ubicación de la cocina.
- La ubicación de las chimeneas.
- Los pasillos.
- Las luces y los colores.

8. Los diseños estructurales

- Las paredes y esquinas agresivas.
- Las paredes cerrando pasillos.
- Las paredes inclinadas.
- Las vigas expuestas.
- Las columnas cuadradas con esquinas agresivas.
- Los techos inclinados.

9. Las escaleras

- Las escaleras alineadas con la puerta principal de entrada.
- Las escaleras tipo espiral.
- Las escaleras colgantes.
- Las escaleras estrechas.
- Los descansos de las escaleras.

10. Las puertas y ventanas

- Las puertas que no se hablan.
- Las puertas en conflicto.
- Las puertas selladas.
- Las puertas mordientes.
- Las ventanas.

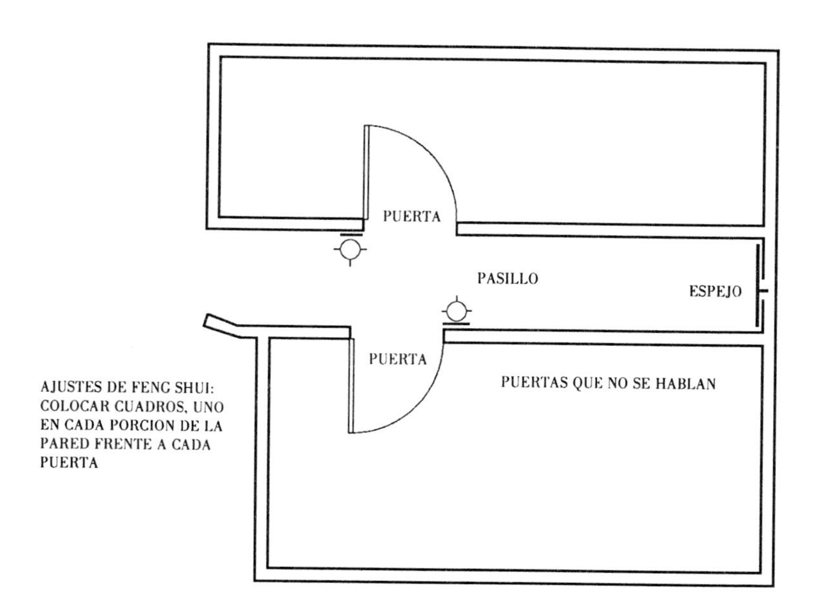

11. Las superficies

- El recubrimiento de las superficies, los materiales y los productos empleados, naturales y sintéticos.
- Las losas, el papel de la pared y las pinturas.

12. Las instalaciones en general

- La plomería, los baños, las pilas de agua.
- Los circuitos eléctricos, las luces.
- Las manecillas de las puertas, las bisagras ruidosas o rotas.
- Las ventanas y pantallas rotas.
- El mantenimiento de plantas y jardines.
- Las filtraciones de agua, el mantenimiento del techo.
- El orden y mantenimiento general.

13. Los muebles y objetos decorativos

- La posición de la cama.
- La posición de los escritorios de trabajo.
- La ubicación de cuadros, obras de arte y libros.
- La ubicación de los aparatos electrónicos.

14. Otros

- Materiales de construcción.
- Bau-Biology.
- Otros.

Aunque cada estudiante desarrollará su propio sistema, es necesario siempre seguir un cierto método de trabajo. Después de analizar el lugar y encontrar las áreas que necesitan atención se procederá con las sugerencias decorativas, los principios de la tradición para el hogar y los negocios, el uso de las nueve adiciones menores de la tradición y cuando sea necesario, de los métodos trascendentales.

El método a seguir, de acuerdo con la perspectiva del Budismo Tántrico Tibetano, debe tener en cuenta los factores visibles o tangibles y los factores invisibles o intangibles. Después de haber observado y analizado el lugar el practicante determinará los ajustes necesarios para armonizar su ambiente. Estos ajustes los escogerá entre las nueve adiciones menores y otros principios de la tradición. Cuando se refuerzan los cambios y recomendaciones con las soluciones trascendentales, la decoración Feng Shui produce un resultado de un 120%. El método puede resumirse como sigue:

Factores visibles (tangibles)

1. El Ch'i del lugar
2. La forma del terreno
3. La forma de la casa o construcción
4. La distribución de la casa

Los factores visibles se dividen en factores externos (Yang) y factores internos (Yin)

Los factores externos incluyen entre otros:

1. Puentes
2. Postes eléctricos
3. Edificios
4. Ruidos
5. Transformadores
6. Instalaciones subterráneas
7. Factores del subsuelo

Los factores internos incluyen entre otros:

1. Posición de la cama
2. Posición de la cocina
3. Vigas expuestas
4. Escaleras
5. Columnas
6. Escritorios
7. Colores

Factores invisibles (intangibles)

1. Historia del vecindario y del lugar.
2. Calidad ambiental del lugar.
3. Energía geomagnética del lugar.
4. Calidad ambiental del área.
5. Otros.

Después de la observación y análisis del sitio, el practicante determinará las soluciones necesarias para equilibrar y crear un ambiente armonioso. Las soluciones pueden ser de tipo externo (Sying) o de tipo interno o trascendental (Yi).

Analisis de los factores externos

El objetivo principal del Feng Shui es activar la energía Ch'i, evitando que se estanque.

El Ch'i positivo fluye en curvas armoniosas, como las líneas magnéticas de los polos y los campos de fuerza gravitatoria provenientes de la Tierra, el Sol, la Luna y los planetas. El Ch'i negativo, también conocido como Sha, se mueve en líneas rectas y se puede manifestar súbita o lentamente.

Usualmente, cualquier cosa que se manifiesta en forma convexa es masculina (Yang) y cualquier cosa que se manifiesta en forma cóncava es femenina (Yin).

Cualquier forma, simbólica o real, que corresponda a los elementos Fuego y Aire (elementos no contenidos) es masculina (Yang). Cualquier forma que corresponda a los elementos Agua y Tierra (elementos contenidos) es femenina (Yin).

Se considera que la proporción ideal de los elementos Yin y Yang es de tres a uno. Por ejemplo, un valle (Yin), protegido en tres de sus lados por montañas (Yang) con el lado hacia el sur abierto (Yin) es un ejemplo clásico de Ch'i positivo.

El Ch'i fluctúa continuamente en las áreas urbanas y puede cambiar de polaridad en distancias muy cortas.

Las formas de los solares y de las casas son muy importantes. Es necesario que existan proporciones similares entre el contorno de un terreno o solar y el contorno de la casa construida en él.

Los círculos, rectángulos y cuadrados son formas buenas.

Recuerde que el flujo del Ch'i no es sólo el flujo de energía, sino también de amigos, información, dinero y muchas otras formas de riqueza.

Las siguientes son algunas recomendaciones relativas al análisis de un lugar. A medida que comience a practicar los principios del Feng Shui el estudiante irá despertando sus facultades intuitivas y de observación.

El vecindario

Es conveniente revisar las estructuras, edificios, y uso de propiedades en la cercanía de la residencia o negocio que se estudie o se planee comprar. Una casa cercana a una matadero o a un cementerio, estará sometida a emanaciones adversas. Un edificio alto cercano a una residencia es causa de bloqueo energético y podría afectar la evolución, la salud y la carrera de los residentes de la casa. Cuando el edificio agresor es masivo se recomienda la colocación de un espejo convexo con los trigramas, para eliminar el efecto de la energía enfocada hacia la casa.

Observe las formas de las estructuras que rodean el lugar. Refiera estas formas a sus correspondencias elementales. Las formas cónicas se corresponden con el elemento Fuego. Las formas de arco, con el elemento Metal. Las formas cilíndricas en posición vertical, como la que tienen la mayoría de los edificios altos, con el elemento Madera. Las estructuras con techos planos, con el elemento Tierra.

Si la tierra es sumamente aplanada o lisa, el Ch'i estará propenso a estancarse.

En general, una casa ubicada cerca de la confluencia de ríos, cerca de un lago, o cerca del mar estará recibiendo excelente Ch'i.

La selección de un lugar

La evolución de la humanidad está íntimamente vinculada con la tierra misma. La historia del hombre se pierde en la noche de los tiempos. Las culturas del pasado florecieron en los márgenes de los ríos, en las montañas y en las orillas de los mares. Desconocemos el pasado de la humanidad más allá de las culturas Egipcias, Amoritas, Hititas y Chinas, que existieron unos 4000 años antes de nuestra era. El desarrollo de las civilizaciones antiguas dependía de la organización de su estructura social, la selección de lugares con tierras fértiles, y la presencia de ríos y lagos. El éxito o fracaso de las culturas, ciudades, pueblos y aldeas estaba estrechamente vinculado a la calidad y cantidad de la tierra habitada y a la presencia de fuentes de energía, bosques, minerales, animales, a la forma del terreno, elevaciones, lagos y mares. La belleza de las montañas armonizaba a la de los valles, ríos, lagos y mares.

Con frecuencia, al visitar un lugar, ciudad o país que nunca hemos visto antes, en adición a lo que percibimos físicamente, sentimos algo que parece traernos recuerdos o sentimientos conocidos. Este algo nos hace pensar en la existencia de una presencia energética que nos recibe, formada por la combinación de todas las vibraciones que integran el sitio. Las formas y colores visibles nos muestran el aspecto del lugar pero al mismo tiempo nuestra intuición capta sentimientos e impresiones sutiles, de una energía que nos habla de la cultura y de las personas que habitan o habitaron aquella tierra. Esa esencia que trasciende las construcciones y monumentos construidos por el hombre y refleja en sí las emanaciones de una energía sutil y poderosa, es la fuerza creadora universal, el Ch'i.

El arte ambiental del Feng Shui nace de la percepción de esa energía. El Ch'i moviéndose en espirales, siguiendo las curvas, evitando los ángulos, se proyecta desde el universo e irradia de la tierra. El Ch'i circula a través de las distintas capas vibratorias de nuestro planeta manifestando armoniosamente las formas y la vida en todas sus expresiones. Cuando el Ch'i circula en armonía en la superficie de la tierra, la hace fértil y la acompaña de un clima agradable.

El propósito del Feng Shui moderno, es decir, del cuarto nivel de Feng Shui, tal como lo enseña el Maestro Lin Yun, sigue siendo el mismo que siempre, encontrar lugares que provean el mejor ambiente para las personas que van a vivir o trabajar en ellos.

Con frecuencia los desarrollos urbanísticos modernos afectan al Feng Shui del lugar. Las construcciones elevadas, de formas y colores agresivos y sin coordinación, cortan el paisaje natural y contribuyen al deterioro ambiental.

Al escoger un lugar para la construcción de una casa observaremos el Ch'i manifestado en el ambiente:

Si la vegetación es abundante y verde, existe buen Ch'i. Si la vegetación refleja gran cantidad de árboles y plantas secas con hojas amarillas es señal que el Ch'i esta escapando de la superficie de la tierra y que la vida vegetal está siendo afectada.

La presencia de pájaros, de animales domésticos, de animales silvestres pacíficos, como por ejemplo venados, es indicación de buen Ch'i. La presencia de animales dañinos, perros salvajes, cuervos y ratas, indica ausencia de buen Ch'i.

Los residentes de una cierta zona también afectan a la energía de la tierra y al Ch'i del lugar. La presencia de un vecindario denota la energía que emana de sus residentes. El Ch'i personal de los residentes influye en el Ch'i del ambiente. Al comprar o alquilar una casa, o local para un negocio, es conveniente conocer la historia del lugar, ella nos dirá si los residentes anteriores fueron felices, infelices, exitosos, o fracasados. Si el negocio cerró por quiebra, o por otra causa. Si los residentes anteriores se mudaron a una casa más grande y moderna, en un lugar mejor, es indicación que recibieron buen Ch'i del ambiente.

Formas naturales de la tierra

Los antiguos chinos creían que toda manifestación de vida era parte de un organismo viviente mayor, que integraba a la tierra y al universo en su totalidad, formando un solo cuerpo vital. Acostumbraban a asignar símbolos de animales a las formas representadas por las laderas y los picos de las montañas, valles, ríos y lagos. Para ellos una montaña podía representar un dragón, un elefante, un ave fénix, o un tigre. De estas ideas se desarrolló a través de los tiempos un arte ambiental, origen de los métodos usados por la escuela de las formas del Feng Shui.

Las montañas generalmente se examinan tomando en consideración tres formas, que son las más usuales: a) redondas b) cuadradas c) triangulares.

Cuando el contorno de una montaña es suave y está cubierto de vegetación agradable, terminando en apacibles valles, ello indica que el lugar es propicio para la construcción de casas.

Cuando las casas se construyen en la ladera de una montaña, reciben la protección de la energía de la misma. La vegetación existente en las laderas expresa la presencia de Ch'i, según sea su abundancia, color y fertilidad. La construcción de una casa en la cima de una montaña es peligrosa, según los principios de la tradición. Las casas construidas en la cima de montañas están expuestas a los rigores del tiempo, al viento, y a posibles sucesos imprevistos en la vida de las personas que en ellas habiten, incluyendo cambios en el trabajo, peligro de accidentes, operaciones, y otros.

Carreteras y calles

Las carreteras son como ríos, por los que fluye energía vital que alimenta la vida de nuestra civilización tecnológica. Las calles son como los vasos capilares que llevan la energía a cada una de las células del cuerpo de nuestra civilización, representada por las casas. Las calles embellecen el paisaje del vecindario cuando están limpias y diseñadas con áreas verdes y árboles en sus costados. Los principios de la tradición nos previenen de ciertas formas de calles que a través de los años se ha visto que afectan a la vida de las personas que en ellas habitan. Las siguientes formas de calles pueden producir condiciones adversas en la vida de las personas que viven en casas colindantes a las mismas:

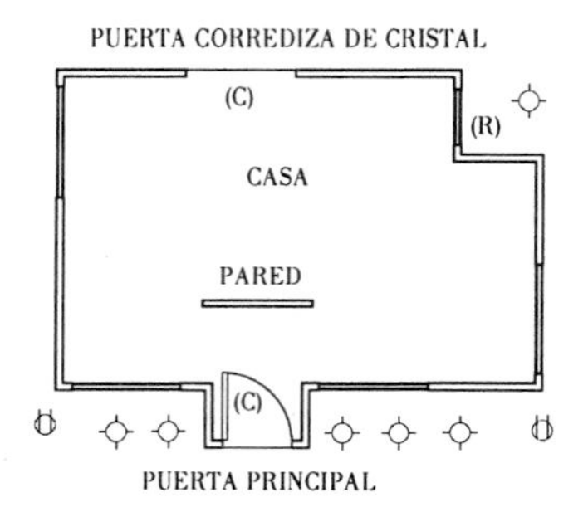

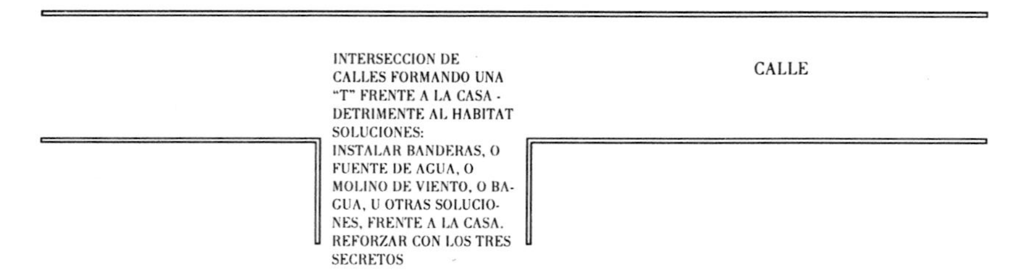

Mal Feng Shui

Mal Feng Shui

1. Las calles que mueren frente a una casa la someten a flechas escondidas, cambios súbitos y accidentes imprevistos. En estos casos es necesario proteger el frente de la casa con la instalación de una fuente de agua, banderas, espejo del Ba-Gua u otros.
2. Las calles que forman una curva hacia afuera de la casa, alejándose de la misma, crean un vacío energético que drena al área correspondiente. Si la calle curva se aleja de la pared derecha de la casa (Madera), podría producir enfermedades, confusión mental, y dificultades financieras. Si la calle se aleja de la pared izquierda, podría drenar la energía que corresponde a las relaciones personales, las relaciones con los hijos y las amistades. Estos efectos se equilibran con la instalación de espejos, banderas, espejos del Ba-Gua y otros, a fin de reforzar y elevar el Ch'i de la casa.
3. Las casas ubicadas en calles cerradas, frente a intersecciones en forma de T, intersecciones en forma de V o en forma de II, están expuestas a problemas financieros, dificultades en las relaciones personales y familiares y enfermedades y deben protegerse con ajustes similares a los mencionados anteriormente, al igual que las casas construidas por debajo del nivel de la calle.

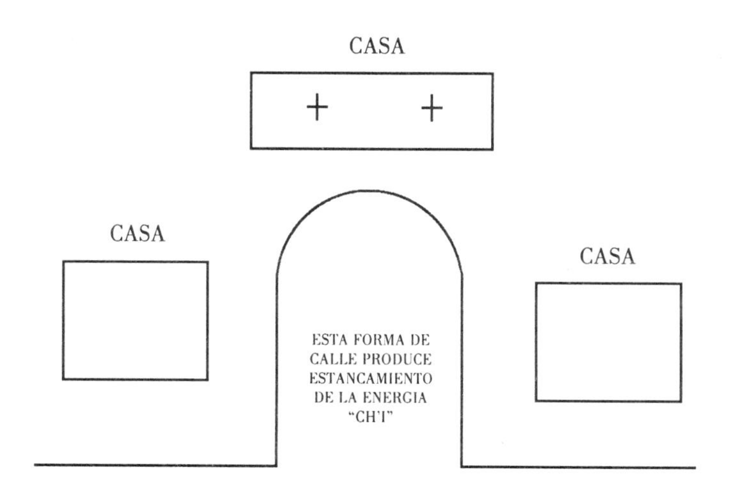

El terreno

La selección de una casa comienza por el terreno. La localización de la propiedad, la forma del terreno y la energía y escenario presentes en el terreno determinan varios de los factores principales para seleccionar un lugar o para estudiar las condiciones del mismo. Las mejores formas de terrenos son: las cuadradas, rectangulares o redondas. Si el terreno tiene forma de un animal se considera de suerte.

Para aplicar el esquema del Ba-Gua en un terreno, primero debemos identificar la entrada a la propiedad. Este es el "Ch'i Kou" o la Boca del Ch'i. La entrada se alinea con la línea del agua del Ba-Gua y debe de estar en la zona del conocimiento, de la profesión o de los benefactores.

Es conveniente honrar los colores de los trigramas en cada área del terreno. En Sun, área de las finanzas, se deben poner plantas con flores de color violeta. En Li, área de la fama, plantas con flores rojas. Las plantas con espinas, que por su forma cónica simbolizan el fuego, se deben colocar en la parte trasera de la parcela. Las plantas con flores rosadas en el área de Kun, el matrimonio, y así sucesivamente.

Una casa protegida por lomas o montañas en sus lados y parte posterior y frente a un valle está en la ubicación ideal. Esta ubicación se conoce con el nombre de "la perla en la ostra" o "los dos dragones y la perla"

La forma de un terreno no debe interferir con el paisaje natural de un lugar.

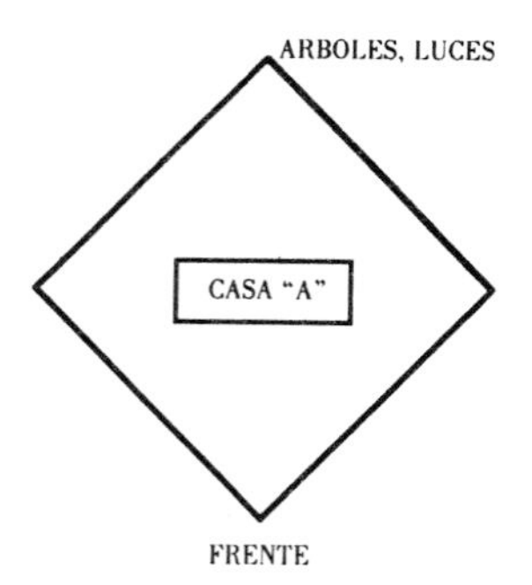

LA CONSTRUCCION DEBE DAR FRENTE A UN LADO Y NO A LAS ESQUINAS. EN CASO DE QUE LA CASA YA ESTUVIERA CONSTRUIDA, PLANTAR ARBOLES EN LA ESQUINA DE ATRAS. INSTALAR LUCES, MOLINOS DE VIENTO O BANDERAS EN EL FRENTE. REFORZAR CON LOS TRES SECRETOS.

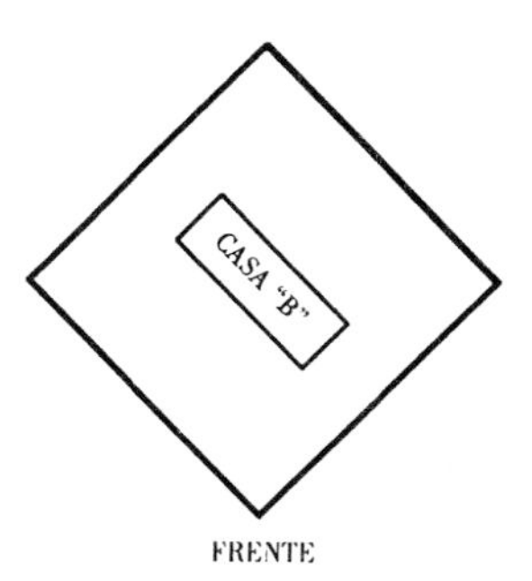

EN UNA PARCELA CON ESTA FORMA LA CONSTRUCCION IDEAL ES CON EL FRENTE DE LA CASA DANDO A UNO DE LOS LADOS Y OCUPANDO UN LUGAR CENTRAL

Parcela en forma de diamante

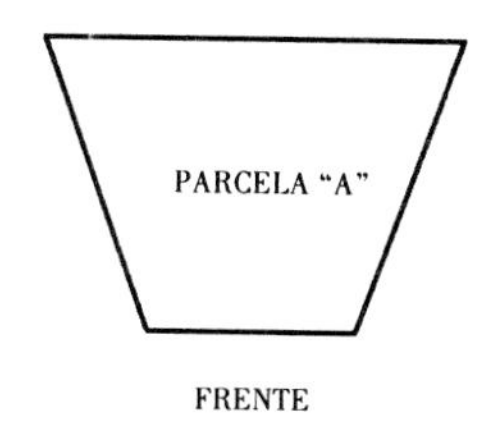

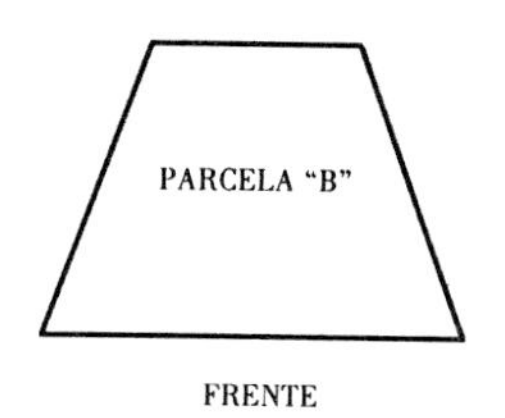

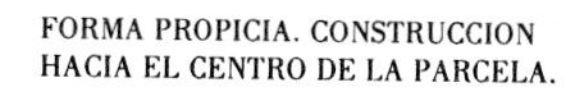

FORMA PROPICIA. CONSTRUCCION HACIA EL CENTRO DE LA PARCELA.

FORMA NEGATIVA DE LA PARCELA. LA ESTRECHEZ EN LA PARTE DE ATRAS PRODUCE ESTANCAMIENTO DE CHI.
RECOMENDACIONES: INSTALACION DE LUCES, ARBOLES, EN CADA ESQUINA DE ATRAS.
REFORZAR CON LOS TRES SECRETOS

Formas irregulares de parcelas

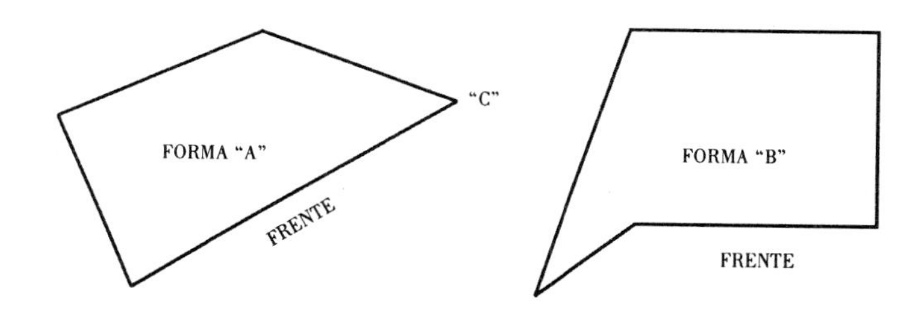

LA FORMA "A" ES AGRESIVA A LA FORMA "B". LA PUNTA "C" FORMA UNA "FLECHA ESCONDIDA" DIRIGIDA A LA PROPIEDAD "B". PROTEGER LA PROPIEDAD "B" CON UN "BA-GUA" QUE ENFRENTE LA DIRECCION DE LA ESQUINA, O COLOCAR OBJETOS DE PESO, O CERCA QUE SUAVICE EL EFECTO AGRESIVO. REFORZAR CON LOS TRES SECRETOS.

Formas de parcelas o edificios

La forma de la parcela es menos importante que el tamaño y la forma de la casa construida en ella.

Cuando un terreno tiene forma irregular y un costado es más estrecho que el resto, se pueden sembrar en ese lado plantas de bambú, o arboles frondosos, o bien instalar una luz para de este modo equilibrar la forma irregular del terreno.

Las formas rectangulares, cuadradas o redondeadas, generalmente son las mejores.

Para remediar terrenos irregulares y llenar espacios vacíos que se producen cuando hay diferencias de elevación se pueden usar luces.

Siembre arbustos y árboles en los lados Norte y Oeste para neutralizar el Ch'i negativo y los pensamientos adversos.

Los pequeños estanques con o sin peces y las fuentes de agua situadas en las áreas débiles del Ba-Gua, refuerzan el área afectada con Ch'i positivo.

Forma de la casa

De acuerdo con el diseño Feng Shui, las formas pueden moldear nuestras vidas. Nuestras vidas están contenidas en nuestras casas. Nuestras vidas como Yang, nuestras casas como Yin.

La forma de la casa guarda una relación íntima con las personas que la habitan. La puerta representa la boca, las ventanas los ojos, los pasillos son las arterias y las venas por donde fluye la energía, la fuerza vital, o Ch'i.

Una casa de forma rectangular, cuadrada o redondeada es próspera. Las casas tipo U y L siempre muestran áreas cortadas, lo cual produce una debilitación de la energía que fluye en las respectivas áreas afectadas. Este tipo de diseño es muy común en los Estados Unidos, especialmente en los estados del Sur.

Una casa debe tener una puerta de entrada espaciosa (puertas dobles) y libre de obstrucciones tales como árboles grandes, edificios pequeños. entradas estrechas y rectas alineadas con la entrada principal.

Una piscina detrás de la casa representa el elemento agua y si está alineada con la zona de fama y reputación puede afectar esta actividad de la familia. En caso de conflicto instale una cerca verde entre la piscina y la casa, o instale plantas verdes entre la piscina y la casa. Refuerce con los Tres Secretos.

Una piscina en forma curva, abrazando a la casa, refleja protección. Si la piscina apunta angularmente a la casa ejerce presión sobre ella y su figura angular produce un conflicto de formas. Este conflicto puede neutralizarse colocando objetos de peso o macetas con plantas que equilibrarán el conjunto y suavizarán las formas agresivas de la piscina.

Una casa o apartamento construidos por debajo del nivel de la calle pueden ser negativos y llegar a afectar tanto a la salud como a la profesión o carrera de sus ocupantes. En estos casos se puede instalar un reflector que ilumine el punto más alto del techo de la casa. También se pueden instalar luces en las cuatro esquinas del techo.

La puerta principal

Según la Escuela del Sombrero Negro las tres áreas principales de una casa son:

1. La puerta principal de entrada.
2. La alcoba principal.
3. La cocina.

La entrada es el primer lugar que se debe estudiar. Es muy importante lo que se ve desde ella, tanto hacia adentro como hacia fuera. Es más importante lo que se ve desde la entrada, que el sentido hacia el cual abre la puerta. La primera habitación visible desde la puerta de entrada afecta a los reflejos de los habitantes de la casa y a la forma en que reaccionan ante las experiencias de la vida

Por ejemplo, si al entrar por la puerta principal lo primero que vemos es la cocina, es posible que sin ser conscientes de ello tendamos a comer más de lo debido.

Cuando la cocina está junto a la puerta principal, tiende a producir problemas digestivos en los miembros de la familia que habita el lugar. Para "ajustar" este efecto, una solución sería la colocación de un librero que pudiera ser visto desde la puerta. El símbolo de los libros afecta al inconsciente y produce un efecto positivo, inclinando hacia la lectura o el estudio, en lugar de hacia el apetito y la comida.

Si lo primero que vemos al entrar en nuestras casas es un televisor, la tendencia será a conectar el televisor. Los objetos, los sonidos, las formas, los colores, las fragancias y la energía comienzan una conversación con nuestro ser interno cada vez que abrimos la puerta hacia nuestro segundo cuerpo, hacia nuestro espacio local, nuestra casa.

Si al entrar en nuestra casa, lo primero que vemos es una pared, su efecto de bloqueo será comunicado inmediatamente a nuestra mente interna, la cual reaccionará emocionalmente produciendo dolores de cabeza, cansancio, fatiga, malestar general y una sensación de bloqueo en nuestras vidas. Para resolver esta situación existen diferentes soluciones. Una de ellas es la instalación de un espejo que dé profundidad al área que se encuentra bloqueada. Este espejo debe cubrir la cabeza de la persona más alta de la familia, esto es, no debe cortar la vista de la cabeza. Otras soluciones serían decorar la pared con arreglos florales, o colgar cuadros que representen paisajes

Entre otros problemas que se dan en las entradas principales están:

1) Entrada principal bloqueada por una columna. Si la columna se encuentra dentro de la casa y es cuadrada, para eliminar su efecto de conflicto se la puede cubrir con espejos, o puede colocarse una planta para suavizar sus esquinas agresivas, o una estatua o figura decorativa frente a ella. Otra solución sería colgar una pequeña bola de cristal "Feng Shui" a 9 pulgadas o 9 cm del techo, alineada con la esquina agresora. Si la columna está situada en el exterior la solución podría ser colocar una planta suavizando la esquina agresora o decorar la columna con enredaderas que suavizaran sus esquinas, o bien usar una solución trascendental.

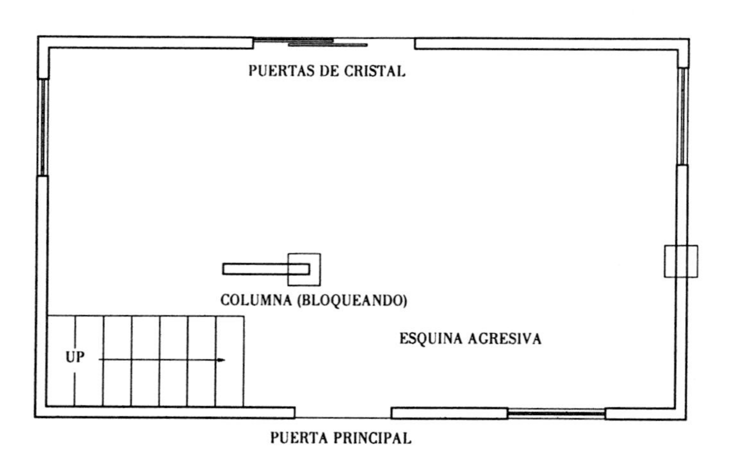

2) Pared mordiente. Está situación es muy común, al entrar por la puerta principal nos encontramos con una pared que se proyecta, bloqueando la visibilidad de la puerta. Si la pared mordiente se encuentra alineada en la parte izquierda, al mirar hacia adentro desde la puerta nuestro ojo izquierdo estará enfocando el trozo de pared que se encuentra a una corta distancia mientras el ojo derecho enfocará una pared del fondo de la casa. Esta diferencia de enfoque visual produce confusión y desarmonía. Para resolver esta situación se puede adornar la pared mordiente con flores, o con un cuadro que muestre espacios abiertos o paisajes; o bien se puede instalar un espejo y colgar un móvil de sonido en el área abierta, entre la puerta y la pared mordiente.

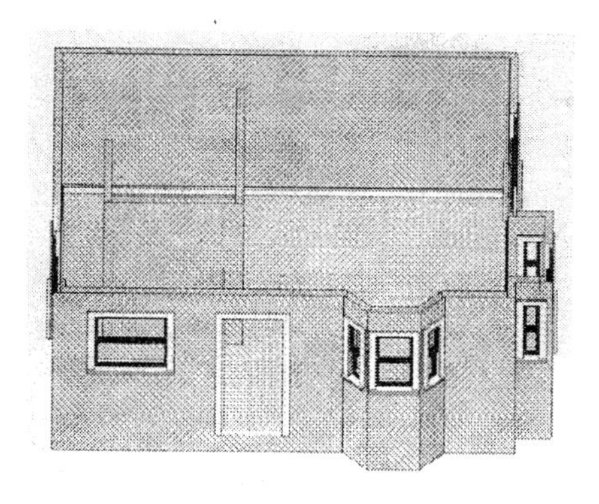

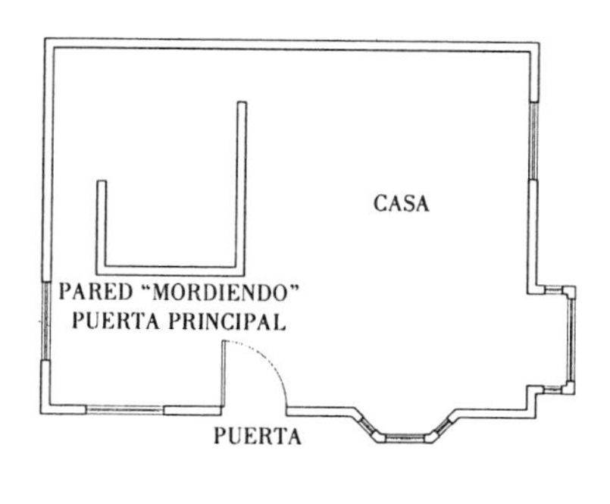

Las puertas de entrada deben abrirse hacia áreas espaciosas.

Una puerta principal alineada con una puerta corrediza de cristal, situada en la pared de atrás puede ser causa de pérdida de Ch'i, haciendo que la energía, que en este caso repercute en las amistades, los hijos y el dinero, entre y salga rápidamente. Ello propicia el que los hijos se vayan rápidamente del hogar. Algunas de las posibles soluciones son: 1) Decorar con plantas, especialmente plantas con troncos, y situarlas alrededor del área donde se encuentra la puerta corrediza de cristal. 2) Colgar bolas de cristal Feng Shui en la puerta de entrada (a 9 unidades del techo) y en el centro de la puerta corrediza. 3) Arreglos florales, o figuras y esculturas artísticas, que embellezcan el ambiente. Reforzar con los Tres Secretos.

Las cocinas y baños adyacentes a la puerta de entrada debilitan la energía vital, afectando a la salud de las personas que viven en el lugar.

PROBLEMAS:
COCINA Y BAÑO ADYACENTES A PUERTA DE ENTRADA

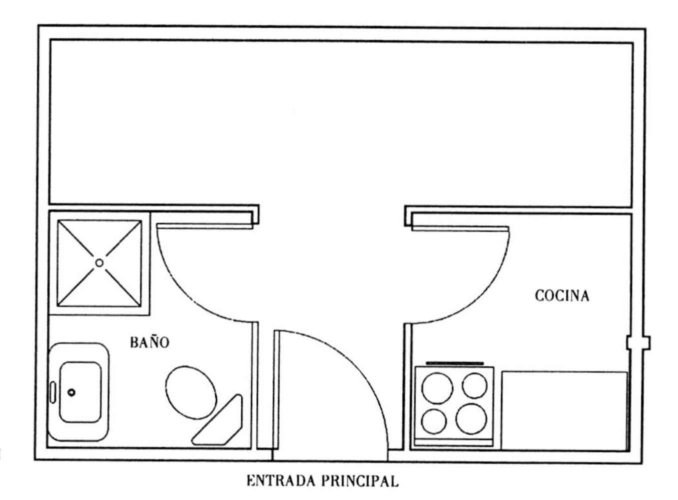

SOLUCIONES:
INSTALACION DE ESPEJOS EN EL FRENTE DE LAS PUERTAS DE BAÑO Y COCINA; COLGAR BOLAS DE CRISTAL FENG SHUI EN EL CUARTO DE BAÑO Y COCINA; DECORACION CON PLANTAS Y FLORES

Factores importantes relativos a la puerta principal de la casa:

La entrada del Ch'i es siempre la puerta principal, aunque se use otra puerta el 99% de las veces.

No importa hacia donde se abra la puerta, lo importante es lo que se ve desde ella:
a) Hacia el interior
b) Hacia el exterior.

¿Cual sería la "Boca del Ch'i" en un complejo comercial o de apartamentos? - Las entradas principales de cada edificio.

Puertas en general

Una puerta que abra hacia una pared restringe el flujo del Ch'i, debilitando la cantidad de energía en el área-actividad donde la puerta esté situada de acuerdo con el Ba-Gua. En estos casos cuelgue un espejo en la pared para amplificar el espacio haciéndolo más grande, o instale una luz o móvil que suene automáticamente al abrirse la puerta.

La alineación de las puertas interiores es muy importante en el Feng Shui. Evite tener dos puertas de baños una frente a la otra.

Las puertas desalineadas pueden curarse instalando espejos o cuadros en la pared frente a la abertura de la puerta.

Una puerta situada al final de un vestíbulo largo pone en peligro la salud de los residentes de la casa. Colgar un espejo en la puerta o pared al final del vestíbulo, para reflejar el Ch'i estancado y hacer que fluya atrayendo prosperidad y progreso para la familia.

La proporción de puertas a ventanas en una casa es de gran importancia en el diseño Feng Shui, pues afecta a las relaciones entre padres e hijos. La relación recomendada por la tradición es no mayor de 3:1. Las puertas representan el respeto y la consideración a los padres, las ventanas son las voces de los hijos. Para mejorar las relaciones familiares y mantener la armonía en el hogar, colocar una campana pequeña en la puerta principal, o un móvil frente a ella, para que suene al abrirla.

Una puerta ubicada en la pared de atrás, en el área de la fama, puede drenar la reputación de la familia. Reforzar con flauta china de bambú, bola de cristal u otro objeto decorativo Feng Shui y con los Tres Secretos.

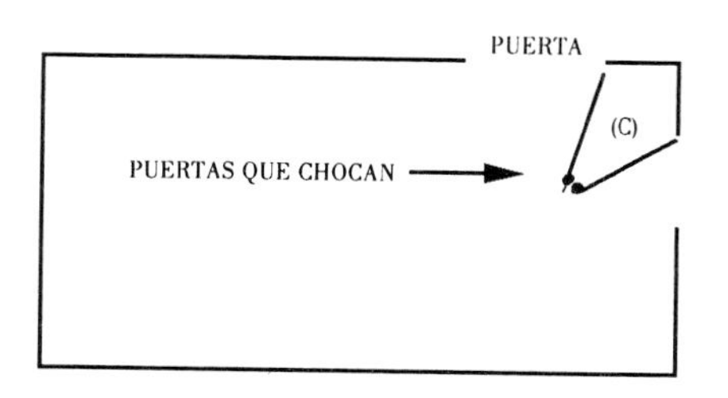

SOLUCION:
INSTALAR BOLA DE CRISTAL FENG SHUI EN EL PUNTO (C) O PEGAR CIRCULOS ROJOS DE 2 CM. DE DIAMETRO, EN LUGAR DE IMPACTO, U OTROS.
REFORZAR CON LOS TRES SECRETOS.

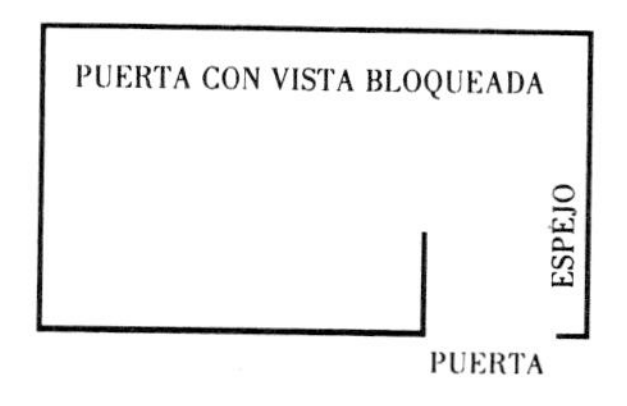

PUERTA INCLINADA

PUERTA

LAS ENTRADAS DEBEN MIRAR HACIA ESPACIOS ABIERTOS.
SOLUCIONES:
INSTALAR ESPEJO, O CUADRO CON PAISAJE

UNA PUERTA INCLINADA ES CONFLICTIVA.
SOLUCION:
COLCAR 2 MOVILES DE SONIDO O 2 BOLAS DE CRISTAL FENG SHUI, UNA DENTRO Y OTRA FUERA DE LA PUERTA

Puertas

Las ventanas

El marco superior de las ventanas debe ser más alto que el más alto de los residentes de la casa, de lo contrario la energía cortada podría originar estados depresivos en dicha persona.

Las ventanas, especialmente cuando se ocupan apartamentos en pisos altos, deben ser adornadas con pequeñas bolas de cristal Feng Shui, cuando las cabeceras de las camas estén alineadas hacia ellas.

Las ventanas deben mantenerse en perfectas condiciones. La rotura de cristales y batientes debilita el área correspondiente, produciendo un efecto de pérdida o drenaje en la energía.

La alcoba principal

La alcoba principal es la segunda área de importancia. Representa a la energía que nutre la estabilidad espiritual del hogar y debe mantenerse en orden y atenderse al igual que todo el resto de la casa. Muchas veces se presta más atención a otras zonas como la sala o el comedor y se relega un poco la alcoba principal. La presencia de cortes en las líneas de armonía, las columnas o esquinas agresivas y la alineación de puertas en la alcoba principal afectan a la armonía y podrían reflejarse en la salud física y espiritual de quienes representan el centro y el corazón de la familia.

La ubicación de la cama es muy importante. Es conflictivo dormir con los pies dando a la puerta de entrada al cuarto. La cama debe ubicarse en la posición de mando, es decir, la persona o personas que en ella duermen deben tener visibilidad de la puerta de entrada.

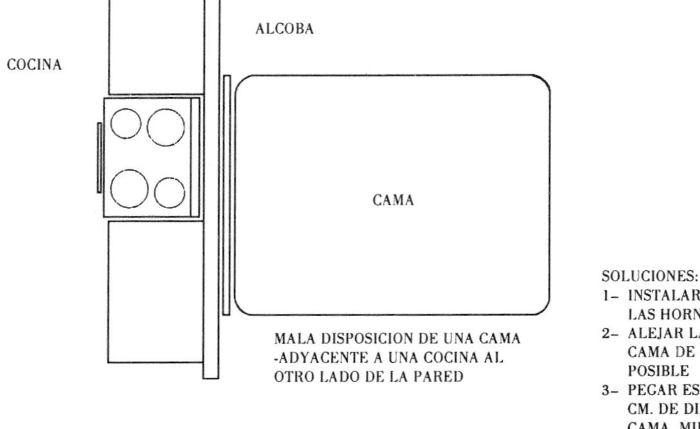

La cocina

La cocina es el tercer lugar de importancia en la casa, de acuerdo con el Feng Shui. La cocina representa la prosperidad. Es el lugar donde se preparan los alimentos que irán a energetizar los cuerpos de los miembros de la familia. El Feng Shui le asigna una importancia muy especial a la cocina, para crear armonía, felicidad y prosperidad en la casa.

La tradición sugiere la instalación de un espejo detrás de los fuegos u hornillas de la cocina, para duplicar el reflejo de las mismas, usualmente, de cuatro a ocho. Debido a que las hornillas son la fuente de preparación de los alimentos, debe rotarse su uso para que la energía que corresponde con la prosperidad de la familia no se estanque. La calidad de los alimentos contribuye al flujo del Ch'i en nuestros cuerpos.

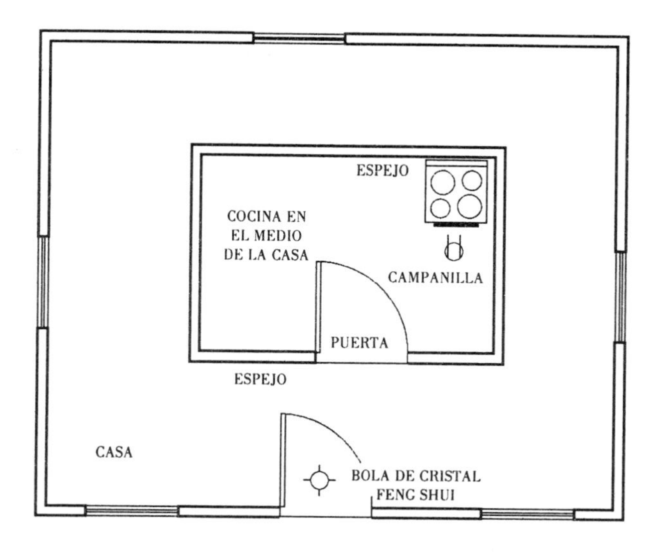

Se recomienda colgar un pequeño móvil de sonido del techo, arriba del área que ocupa la persona que prepara los alimentos frente a las hornillas. El móvil de sonido eleva y fortalece el Ch'i de la persona que está cocinando, a su vez, fortalece la calidad de Ch'i que será integrada a la salud de los miembros de la familia.

Cuando no se acostumbra a cocinar en la casa se recomienda encender aunque sea una hornilla al día para calentar agua. Alternar siempre el uso de las hornillas.

La mejor localización de la cocina es en el área de la fama, excepto cuando los fuegos se divisan desde la puerta principal de entrada. La cocina tiene buena localización también cuando se halla en cualquier lugar de las líneas de fuego o de la madera. Una cocina en el centro de la casa afecta la salud física y mental de los miembros de la familia. Este efecto puede contrarrestarse con la instalación de espejos. Existen otras soluciones y métodos trascendentales para sanar esta situación. La más importante de todas ellas será siempre la solución que se le ocurra al practicante en el momento en que está haciendo el Feng Shui.

Mantener las hornillas de la cocina siempre limpias. La hornillas sucias, según la tradición, son causa de dificultades financieras.

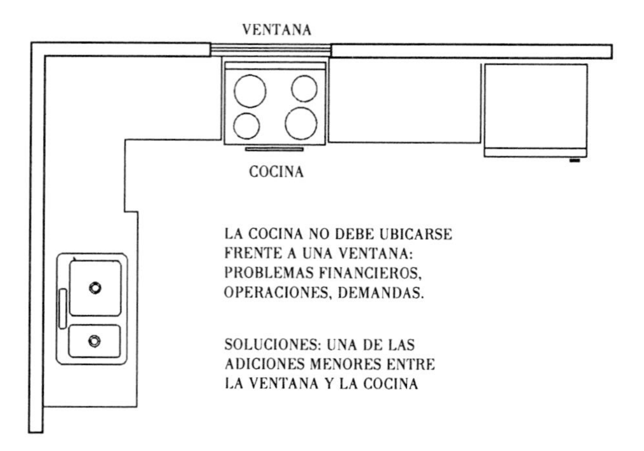

Los fuegos u hornillas ubicados frente a ventanas pueden causar también dificultades financieras, enfermedades, operaciones y demandas legales.

Las hornillas alineadas con la línea central de la casa, visualizándola desde la pared del frente a la pared de atrás y detrás de la línea central, entre la pared derecha e izquierda, tienen una posición propicia.

En las cocinas con forma de "bota" el fuego debe estar en el área de la "suela."

Las hornillas rotas, sucias o que no se usen, debilitan el Ch'i y atraen mala suerte.

La espalda de la persona que prepara los alimentos en la cocina no debe dar a la puerta

Las cocinas en la línea del fuego (Finanzas, Fama y Matrimonio) son propicias, excepto si dan frente a puertas o están cortadas por ellas. Si existen extensiones en la línea del fuego, la cocina es propicia en una extensión de las finanzas (si no da frente a la puerta, o está cortada por la misma), sin embargo, es conflictiva si está instalada en extensiones que correspondan a la fama o al matrimonio.

Los fuegos de la cocina (u hornillas) son causa de conflicto si están instaladas del otro lado de una pared donde haya un inodoro o una cama.

Una despensa llena de alimentos refleja buen Ch'i.

Diseños estructurales, paredes y columnas

Las esquinas son consideradas estructuras dañinas e infortunadas. Instalar un espejo en uno o ambos lados de la esquina, instalar una vid de flores en el borde o colgar una bola de cristal Feng Shui, frente ella.

Las columnas interiores juegan un papel importante en la decoración del Feng Shui. Las columnas redondas son aceptables y se deben decorar con colores y materiales que armonicen con las superficies del ambiente. Las columnas cuadradas son peligrosas.

Soluciones: Instalar espejos en todos los lados de la columna o instalar vides de flores a lo largo del borde de cada esquina de la columna para suavizar sus esquinas. Reforzar con los Tres Secretos.

Las escaleras

La escalera que va al primer piso o al sótano frente a la puerta principal produce un efecto de desequilibrio y bloqueo. Toda escalera alineada o cortando a la puerta principal, de acuerdo con la tradición, es fuente de conflictos. La energía de una casa, centro comercial u oficina, se ve afectada cuando una escalera se encuentra de frente a la entrada principal. Los chinos evitan diseñar escaleras alineadas frente a la puerta de entrada, pues ello puede causar que el Ch'i y el dinero rueden lejos, hacia afuera de la residencia. Los ajustes decorativos que se pueden utilizar para armonizar este diseño son varios, entre ellos: 1) Colgar un cristal de Feng Shui entre la puerta principal y la escalera. 2) Colgar un móvil de sonido frente a la escalera, en línea con la puerta principal de entrada. 3) Adornar la escalera con arreglos de enredaderas que den la impresión de movimiento hacia arriba. 4) Colgar una lámpara de cristal redonda arriba de la escalera.

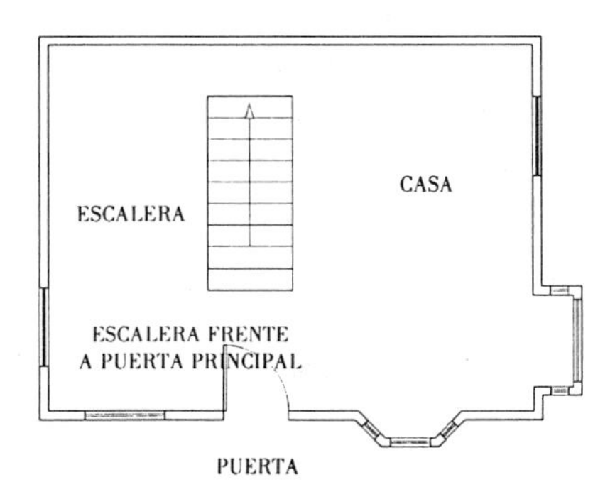

Toda escalera espiral es conflictiva. Su forma actúa como un sacacorchos. El bloqueo energético muchas veces se manifiesta en la salud de la familia en forma de dolores de la cabeza, taquicardias, insomnios, ansiedad y abortos. Para solucionar el efecto que causa esta forma de escalera se recomiendan varias decoraciones. Entre ellas podemos mencionar 1) La colocación de una planta en el costado y al comienzo de los escalones y la instalación de un espejo al frente del último escalón en el piso de arriba si existe una pared. 2) También se puede colgar una bola de cristal Feng Shui después del último escalón del primer piso. 3) Se puede igualmente colgar una bola de cristal Feng Shui o un móvil de sonido frente a la escalera. Las escaleras deben ser anchas y bien iluminadas para que la energía fluya armoniosamente entre los pisos.

Los descansos de las escaleras son muy importantes. Si el espacio lo permite deben adornarse las esquinas con plantas en macetas redondas. Su tamaño debe ser apropiado para que no interfieran con el paso de las personas. También pueden colocarse figuras de peso, o colgar cuadros o fotos que contengan paisajes y caras felices. Una escalera bien iluminada y decorada con cuadros artísticos atrae buen Ch'i y refuerza el movimiento de la energía entre los distintos niveles de la casa.

Vigas expuestas

Las vigas son atractivas cuando son varias y en forma continua. Sin embargo cuando son una o dos, resultan opresoras y agresivas. Cuando dos personas duermen bajo una viga expuesta que está atravesando la cama, ello suele ser causa de falta de comunicación. Si la viga está alineada entre las dos personas su forma proyecta una pared invisible entre ambas causando con el paso del tiempo una separación y un posible divorcio. Para resolver este conflicto existen varias soluciones de decoración Feng Shui. La cama podría moverse hacia otro lado del cuarto, o bien se podrían colgar de la viga para suavizar su peso flautas chinas de bambú o flecos decorativos. O quizás un móvil atractivo para dar la impresión de elevación.

Otros efectos de las vigas expuestas:

Si una viga está situada encima de la cabecera de la cama puede ser fuente de dolores de cabeza o migrañas.

Las vigas sobre el comedor o sobre los fuegos de la cocina son fuente segura de pérdidas financieras.

Las vigas encima de un escritorio o lugar de trabajo pueden afectar el sistema nervioso.

Una viga en un área cerrada de una casa o negocio, como por ejemplo un vestíbulo, puede atorar el Ch'i positivo e interferir con su circulación.

Soluciones:

Instalar en la viga dos flautas de bambú chinas envueltas en cintas, formando con la viga la geometría del Ba-Gua, o bien atar una franja de tela de color rojo a lo largo de la viga.

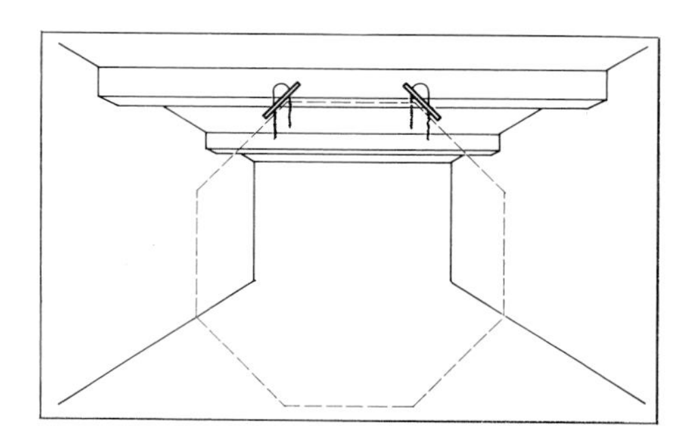

Colocación de las flautas de bambú chinas

Las formas, los colores y los objetos, cuando están bien ubicados contribuyen a que la energía, la fuerza vital o Ch'i, fluya armoniosamente a través de todas las áreas de una casa. Cuando existen cortes o esquinas agresivas recibiendo a las personas que entran a la casa o afectando a quienes viven en ella, debemos arreglar la situación cambiando los muebles de lugar y utilizando los métodos tradicionales del Feng Shui.

Ubicación de muebles y equipos

Al decorar espacios que tengan muchas formas angulares, ya sean éstas cuadradas o rectangulares, trate de seleccionar muebles redondos, sin esquinas puntiagudas. Si existen mesas o muebles con esquinas, colóquelos diagonalmente, para que las esquinas no apunten hacia la puerta de entrada ni hacia los asientos.

La ubicación ideal de los aparatos estereofónicos, los equipos electrónicos, el televisor y el ordenador es el área de las finanzas.

Ni las camas ni los escritorios deben estar frente a la puerta de entrada de la habitación ni tampoco cortarla.

Cuando la cama está situada debajo de una ventana, el ánimo y la salud de la persona que duerma en ella pueden verse afectados. En estos casos es conveniente colgar una bola de cristal Feng Shui o una flauta de bambú china sobre la ventana y reforzar con los Tres Secretos (la bola de cristal se cuelga justo en la mitad del marco horizontal superior).

Los muebles deben colocarse en el lugar que sea más apropiado teniendo en cuenta su forma, su tamaño, su textura y su color, tratando de evitar que obstruyan las puertas o corten el paso.

Las sillas y los sofás deben mantenerse alejados de las chimeneas, tratando de evitar que den la espalda o corten a las puertas de entrada.

Las nueve adiciones menores de la tradición

Las nueve adiciones menores, recibidas de la tradición, son de gran ayuda para crear ambientes armoniosos. Los principios de belleza se basan en la esencia y en la calidad del cambio no en la impresión física ni en la cantidad. Con un pequeño detalle, que puede pesar tan sólo unos pocos gramos, se pueden eliminar y armonizar situaciones adversas equivalentes a miles de toneladas.

1. Objetos brillantes

Entre ellos están los espejos, las bolas de cristal Feng Shui (de 20mm, 30mm, 40mm, 50mm, 60mm, 70mm u 80mm de diámetro) y las lámparas.

Los espejos son la primera opción para lograr el equilibrio y la solución de las áreas energéticamente débiles de la casa. Los espejos reflejan, aclaran, amplifican y producen una sensación de amplitud.

Los espejos se usan en el Feng Shui tanto dentro como fuera de la casa. El pequeño espejo circular adornado con los trigramas se conoce como espejo Ba-Gua. Este Ba-Gua se recomienda en casos que requieran protección o ayuda. Se instala en el exterior en un lugar elevado, como por ejemplo arriba de la puerta principal del establecimiento o la casa. También se puede instalar en un sitio elevado del edificio o construcción, enfocando al área de donde provienen las emanaciones negativas.

Las esquinas oscuras, los pasillos oscuros y los espacios con poca luz empobrecen la calidad del Ch'i. La iluminación de las casas es importante y la luz debe ser lo más parecida que sea posible a la luz solar. La luz también tiene la propiedad de equilibrar y llenar los espacios vacíos.

2. Los colores

Los colores se utilizan para reforzar la calidad del Ch'i. El color blanco representa la pureza, la transparencia y también la ausencia de vida. El rojo es un color de suerte y representa la fuerza y la felicidad del vivir. El color rojo es usado en ceremonias tales como el Año Nuevo chino, las bodas y las celebraciones de nacimientos. El color verde representa el crecimiento y la vitalidad. El color azul se encuentra cercano al verde en su dirección hacia el color negro. El color azul es más frío que el verde y manifiesta tranquilidad y paz mental. Es un color recomendable para áreas de estudio y bibliotecas. El color negro representa las profundidades del océano donde no llega la luz del sol y también las profundidades del ser. El color negro está relacionado con la carrera y la profesión y representa la justicia, la sobriedad y la rectitud. El color amarillo es alegre, atrae suerte y prosperidad. Este color vibra con el Ch'i de la tierra y refuerza la salud física y mental.

3. Los sonidos

Los móviles de sonido y las campanas han sido usados durante cientos de años como objetos de protección y aviso. Los móviles usados en el Feng Shui deben de tener un sonido claro y armonioso. Cuando se cuelgan en la puerta posterior de un negocio o residencia atraerán con su sonido la paz mental de los ocupantes, sirviendo al mismo tiempo de sistema de alarma. Cuando se colocan en la puerta frontal, a la vez que proveen un sistema de alarma ayudan a que los hijos escuchen los consejos de los padres. El sonido de los móviles y campanas atrae influencias positivas, prosperidad y dinero tanto en residencias como en negocios.

Otra adición de sonido es la música. Música de meditación, música clásica, música que alimente el alma y eleve el espíritu en nuestras casas y centros de trabajo. Cuando salgamos es conveniente dejar música puesta en nuestros hogares. El sonido melodioso armoniza el ambiente, ayuda al crecimiento de las plantas y a mejorar el estado de ánimo de los animales.

4. Fuerza vital

Las plantas representan la fuerza vital, dispensan el Ch'i y ayudan a que la energía fluya y no se estanque. Complementan el Ch'i que circula a través del ser humano y elevan la calidad del mismo dentro de las áreas habitables. Otra forma de aumentar la fuerza vital es la utilización de peceras.

5. Energía cinética

Las fuentes de agua son saludables y refuerzan la energía en cualquier área donde se ubiquen. Si una fuente de agua incluye una cascada, ésta debe ser alineada en dirección a la residencia y no hacia afuera. La caída de agua mirando hacia dentro de la casa atraerá buena fortuna y prosperidad a los miembros de la familia. Otros objetos móviles son los ventiladores de aire, los molinos de viento, las banderas y los sistemas de regadío. Estos sistemas móviles hacen circular la energía y ayudan a llenar áreas que estén cortadas o debilitadas debido a la forma del terreno o de la casa. La colocación de banderas en el frente de una propiedad o negocio eleva y fortalece la energía que fluye hacia el lugar.

6. Objetos de peso

Los objetos de peso como esculturas y figuras fortalecen el área energética donde se sitúen. Al colocarse una escultura artística, adecuada al negocio que se quiere ayudar en el área de la carrera y profesión, la actividad del negocio se verá reforzada. Una escultura ubicada en el área del matrimonio fortalecerá las relaciones conyugales de la pareja que habita en la casa.

7. Energía eléctrica

Es uso de la energía incluye la energía eléctrica y la energía potencial. La energía eléctrica puede usarse para alimentar el área del poder, que se corresponde con el trigrama "Sun." La ubicación de equipos electrónicos, ordenadores, televisores y sistemas de estéreo, en este área, ayuda al logro de la abundancia física y espiritual.

8. Los simbolos

El uso de objetos simbólicos, tales como flautas de bambú chinas, el Ba-Gua, y objetos con formas correspondientes a los elementos que se quieren usar, forman también parte de las adiciones menores. Para honrar la fama en un escritorio se puede colocar una pequeña pirámide de cristal. La forma cónica representa al elemento fuego, relacionado con la fama y trasciende a la sustancia del cristal, que corresponde al elemento agua. El uso de símbolos sagrados, en el lugar sagrado de una casa o lugar de trabajo, es decir, el área central, fortalece la misma esencia y naturaleza del ser. El uso de formas simbólicas como la figura de un ángel en el área del matrimonio o asociaciones, refuerza esta actividad mundana. Reforzar siempre la intención con los "Tres secretos."

La flauta de bambú china es uno de los objetos trascendentales del Feng Shui. Se usa para equilibrar paredes y techos no simétricos, vigas expuestas y obstrucciones en la estructura de una residencia o negocio. Las flautas deben colocarse en correspondencia con la posición que refuerzan en el Ba-Gua, con la boquilla mirando hacia arriba. Las flautas simbolizan paz y protección a los residentes. Muchos negocios cuelgan flautas cerca de la caja registradora como medida de seguridad. Después que una flauta de bambú China se use en un método trascendental no debe nunca ya ser utilizada como instrumento musical.

9. Otras adiciones

Entre otros objetos citamos el uso de banderas, cortinas, inciensos y fragancias. Las banderas colgadas en frente de los establecimientos traen alegría con su movimiento y elevan el Ch'i del lugar. Sus colores deben ser apropiados. Cuando se acompaña a las banderas con los símbolos adecuados adquieren mucho más poder.

Los objetos de decoración tales como cuadros y fotografías deben ser ubicados con gusto estético. Si los cuadros o pinturas representan caras agrias o de enojo y se encuentran colgados en áreas afectadas deben cambiarse por cuadros que representen paisajes, vistas alegres y caras felices.

Otros objetos también utilizados son las alfombras. La colocación de alfombras circulares suaviza las habitaciones diseñadas con muchas formas angulares.

Los espejos, flautas, campanas y cristales en el feng shui

Entre los objetos que se usan en el arte de ubicación chino del Feng Shui mencionamos sólo los más usuales. En realidad, de acuerdo con el Maestro Lin Yun, en el Feng Shui la voluntad e intención del practicante es lo que determina el uso de un objeto como medio decorativo. El poder y claridad de su voluntad y de su intención es, a fin de cuentas, lo que determinará la efectividad de la solución que decida adoptar. A continuación explicamos brevemente las maneras de usar cada uno de los artículos mencionados. La intuición e imaginación del lector ampliará esta lista según requiera cada ocasión.

Espejos de Ba-Gua

Los espejos

Los espejos guían, dirigen, amplifican y fortalecen el fluir del Ch'i. Atraen un Ch'i prospero. Equilibran un área o ambiente para traer energías que se encuentren fuera de él. En el caso de un apartamento o casa frente al mar, un espejo colgado en una pared interior mirando al mar, atraerá la energía del agua dentro del lugar, equilibrando el fluir del Ch'i. Los espejos reflejan y fortalecen las imágenes. Dejan que la fuerza creadora Ch'i penetre en los espacios cerrados. La calidad del espejo es más importante que su tamaño o su forma. Es importante verse la cara en ellos, aunque pueden estar colocados detrás de una cortina y su efecto seguirá siendo el mismo. Cuando use un espejo para rechazar energía negativa, tenga compasión.

Un armario empotrado al final de un pasillo es lugar de estancamiento de energía, la instalación de un espejo en la pared interior del mismo aclara y expande el espacio, fortaleciendo el flujo del Ch'i.

Las flautas de bambú chinas

El poder del bambú proporciona fuerza y apoyo. La flauta de bambú refleja un mensaje de paz y protección y produce una elevación paulatina de la fuerza vital. El tamaño de la flauta influye en su poder.

Las campanas y móviles de sonido

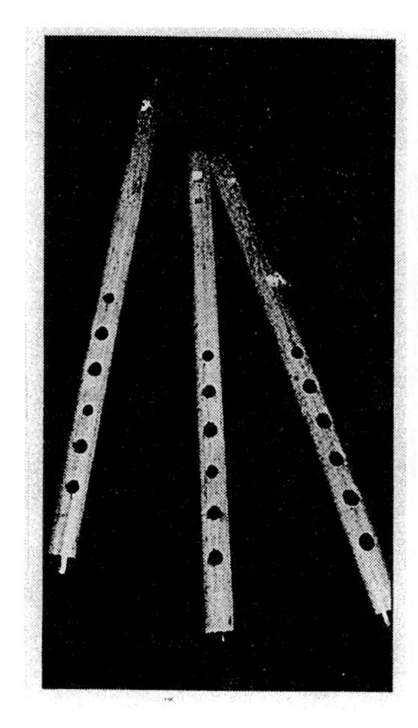

Flautas de bambú chinas

El nivel más elevado de música es la música de las esferas. Esta música se proyecta a través de todo el universo y se refleja en la naturaleza. Al escuchar la música que produce el viento fluyendo entre las ramas de los árboles y la yerba en las praderas, el murmullo de las olas del mar, el agua de un arroyo o el canto de los pájaros, nuestra esencia se complace.

Use campanas o campanillas para alertar, despertar o aclarar la mente. El sonido de las campanas despierta la atención para recibir impresiones. Con su forma y su sonido tienen el poder de elevar los techos o aleros bajos. Elevan el Ch'i o fuerza vital del débil y deprimido. Mejoran la fama y la reputación. Traen buena suerte. Producen el efecto de "abrir" las áreas cerradas. Armonizan el Ch'i de un ambiente. Refuerzan las comunicaciones entre los miembros de la familia y entre el personal en el trabajo. El factor principal que se debe tener en cuenta al comprar una campanilla o móvil de sonido es la calidad de su sonido. La forma debe ser escogida. El tamaño y la ubicación de las campanillas debe ser apropiado y su sonido debe producir un efecto agradable. Las campanillas y los móviles de sonido afectan el flujo del Ch'i, aun cuando no se muevan.

Los cristales

Según palabras del Maestro Ni Hua Ching, "*La mente verdadera es la mente equilibrada. La mente verdadera es la mente íntegra. La mente verdadera es la mente transparente como el cristal.*"

Use cristales para equilibrar el flujo del Ch'i, para ajustar la dirección del Ch'i en una puerta, ventana o vestíbulo. Para equilibrar situaciones de conflicto entre camas, escritorios de trabajo y puertas, cuando estos se encuentren alineados entre ellos. Los cristales pueden usarse en lugar de las campanillas, móviles de sonido o espejos. Los cristales refractan y reflejan la luz del Sol, la luz espiritual y la luz universal. Mejoran la efectividad de las visualizaciones, de los ejercicios de concentración y de la meditación. Son ventanas que nos conectan con nuestra consciencia interna, con nuestros mensajeros de luz, con nuestros ángeles. Reflejan un mensaje de luz, aun cuando se coloquen en lugares o esquinas oscuras. Un cristal colocado en una ventana, detrás de una cortina, sigue siendo tan eficaz como si estuviera al descubierto.

Circunstancias externas e internas que pueden causar problemas en las diferentes áreas de actividad de los habitantes de una casa

Las siguientes son algunas de las situaciones más comunes que suelen crear conflicto en cada una de las nueve zonas de actividad, según el Ba-Gua.

Fama y prestigio

Exterior: Edificios adyacentes, estado físico, calidad de vida y Ch'i personal de sus ocupantes.
Esquinas agresivas de edificios colindantes.

Intersecciones de calles en forma de "T."
Calles o ríos que forman curva hacia fuera, alejándose del frente o del costado derecho de la casa.
Solar más estrecho de atrás.
Garajes ubicados frente a la casa
Lago, canal o río detrás de la casa.
Corte en fama (en el terreno o en la casa).

Interior: Puerta principal obstruida por árboles, columnas o paredes.
Puerta principal escondida o en un costado de la casa.
Puerta principal alineada con una esquina del solar (solar tipo diamante.)
Baños arriba de la puerta principal.
Baño en el área de la fama.
Ventanas bloqueadas por árboles.
Ventanas cuyos paneles se deslizan hacia abajo, en lugar de abrir hacia fuera.
Armario empotrado o trastero en el área de la fama.
Sistemas mecánicos o eléctricos que no funcionan debidamente.
Cama alineada con la puerta de entrada a la habitación.
Cama rodeada de puertas.
Cama en el centro de la habitación.
Cama alineada con esquina agresiva (de pared o columna.)
Cama sin visibilidad de la puerta de entrada.
(Los escritorios o despachos se rigen por los mismos principios de ubicación que las camas.)

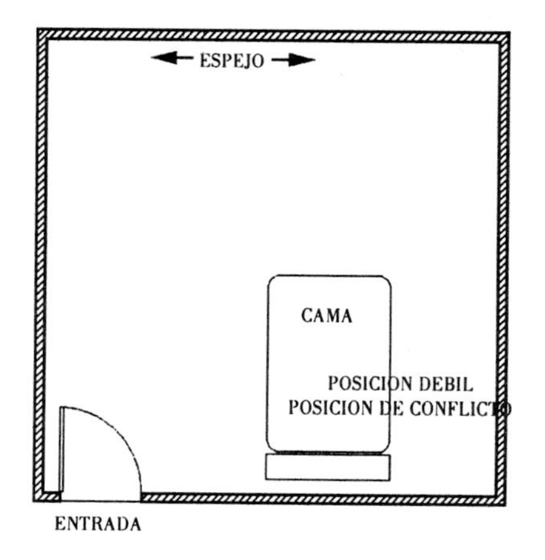

SOLUCION:
MOVER LA CAMA A LA POSICION DE MANDO O, SI NO ES POSIBLE, COLGAR UN ESPEJO QUE PROVEA VISIBILIDAD DE LA PUERTA

Relaciones personales, matrimonio y asociaciones

Exterior: Solar con lados desiguales
Casa ubicada al final de una calle sin salida.
Puerta de en el centro de la casa, siendo ésta de tipo "U."
Entrada principal por debajo del nivel de la calle.
Corte en Matrimonio. (En el solar o en la casa.)

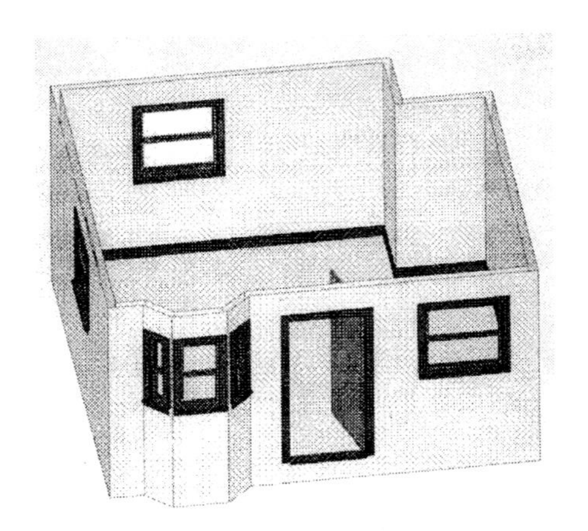

Interior: Oficina en el área del matrimonio.
Adiciones no conectadas con la casa en el área del matrimonio.
Baño en el área del matrimonio.
Paredes mordiendo la puerta de entrada.
Escaleras mordiendo la puerta de entrada.
Puertas (voces de adultos) que no se hablan.
Alcoba principal con muchas puertas.
Puerta vacía entre alcoba y baño principal.
Viga a lo largo de la cama.
Cocina ubicada en una adición, en el área del matrimonio.

Hijos, creatividad

Exterior: Casas vecinas con techos o paredes agresivas hacia el lado correspondiente a los hijos.
Casa frente a una intersección tipo "tenedor."
Casa frente a una intersección tipo "V."
Entrada principal en la esquina (solar triangular.)
Punta de una piscina dirigida hacia la alcoba principal.
Cortes en hijos (terreno o casa.)

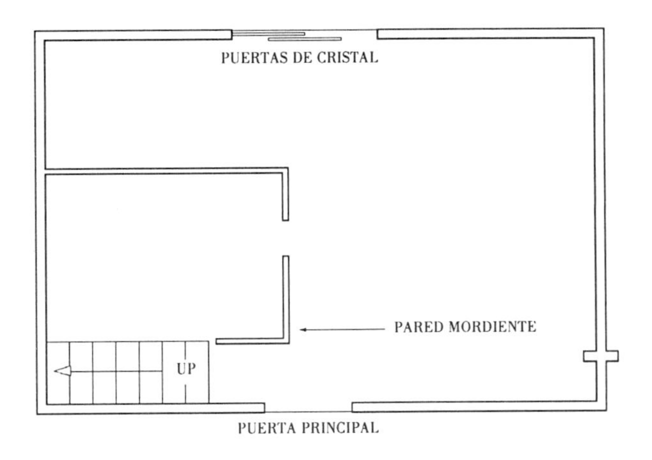

Interior: Pared, escalera o columna apuntando o mordiendo a la puerta principal.
Baño frente a la puerta principal.
Cuarto de los niños sobre el garaje o en el sótano.
Cuarto de los niños alineado con la puerta de entrada a la casa.
Viga encima de la cama o sobre la mesa de estudio de los hijos.
Chimenea en el área de los hijos.
Cocina en el área de los hijos.
Espejos que cortan la cabeza.
Tamaño o número de las ventanas en desequilibrio con las puertas.
Ventanas rotas o que no abren bien.
Ventanas bloqueadas.
Entrada principal con puerta doble abriendo hacia fuera.
Trasteros y armarios desordenados, especialmente en el área de los hijos.

Benefactores, lo que esperamos de los demás

Exterior: Acera de entrada más estrecha que la puerta principal.
Cortes en el área de los benefactores.

Interior: Puerta principal bloqueada.
Puerta principal escondida.
Cocina a la vista desde la puerta principal.
Comedor demasiado cerca de la puerta principal.
Cuarto de visitantes en el área de poder de la casa.
Puertas y ventanas ruidosas o rotas.
Exceso de puertas.
Camas bajo una ventana.
Cama sin respaldar.
Escritorios dando la espalda a una ventana.
Areas de visita alineadas entre la puerta principal y la puerta al patio.
Muebles obstruyendo la puerta principal.
Mesa del comedor alineada entre la puerta principal y la puerta posterior.

Carrera y profesión

Exterior: Entrada principal por debajo del nivel de la calle.
Edificios con esquinas agresivas frente a la casa.
Casa construida hacia el frente del solar.
Loma o montaña frente a la casa.
Casa frente a una intersección de tipo "tenedor."
Puerta principal en el centro de una casa tipo "U."
Obstrucciones a la vista desde la puerta principal.
Columnas cuadradas frente a la casa.
Cortes en carrera o profesión (en la casa o en el solar.)

Interior: Fuegos de la cocina visibles desde la puerta principal.
Baño arriba de la entrada principal.
Columnas cuadradas dentro de la casa.
Techos a distintas alturas.
Escritorio o despacho debajo de techo inclinado o viga.
Escritorio o despacho rodeado de puertas.
Escritorio muy pequeño o demasiado grande.

Baño en el primer piso arriba del escritorio o despacho.
Cocina al frente de la casa.
Chimenea al frente de la casa.
Pisos deformes o desnivelados.

Nuevo conocimiento

Exterior: Esquina de edificio que agrede al área del conocimiento.
Ventanas bloqueadas en el área del conocimiento.
Cortes en la forma, en el área del conocimiento.
Entrada por debajo del nivel de la calle.

Interior: Entrada principal estrecha.
Vigas en la alcoba o en cuarto de estudio.
Techos inclinados.
Escritorio debajo de techo inclinado o viga.
Escritorio en línea con la puerta.
Muchas puertas en las alcobas o en el cuarto de estudio.
Ventanas y pantallas rotas.
Espejos rotos.

Relaciones familiares

Exterior: Alineación de calle o puente con la casa.
Esquinas de edificios agresivas.
Calles, ríos o canales que se alejan del frente o del lado derecho de la casa, formando una curva.
Entrada principal por debajo del nivel de la calle.
Casa ubicada en una intersección tipo "V."
Solar que se estrecha hacia atrás.
Esquina de piscina apuntando hacia el área de las finanzas.
Casa en la cima de una montaña.
Corte en el área de las finanzas, (en la casa o en el solar.)
Entrada principal estrecha.
Entrada principal bloqueada por árboles, columnas cuadradas o muros.
En un solar triangular, entrada en la esquina.

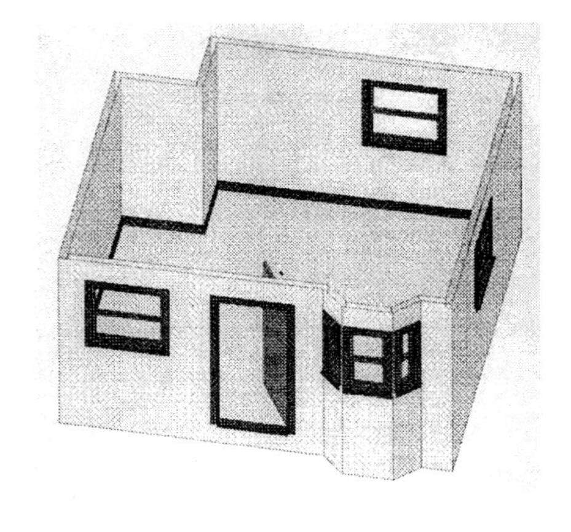

Interior: Baño en el centro de la casa.
Baño frente a la cocina.
Baño opuesto a la puerta principal.
Puerta principal alineada con puerta al patio.
Ausencia de puerta trasera, especialmente si se trata de un negocio.
Puertas en conflicto, puertas que no se hablan.
Puerta de atrás en el área de las finanzas.
Escalera frente a la puerta de entrada.
Vigas sobre la cocina o sobre la mesa del comedor.
Pasillos bloqueados.
Fuegos de la cocina oprimidos por horno microondas.
Cocina en una extensión del área de las finanzas.
Cocinero dando la espalda a la entrada de la cocina.
Fuegos en una esquina de la cocina.
Fuegos u hornillas rotas, que no se usen.
Cocina alineada con inodoro, al otro lado de la pared.
Cocina, cama o despacho en el borde inferior de cuartos o casas con forma de bota.
Inodoro alineado con la cama, al otro lado de la pared.

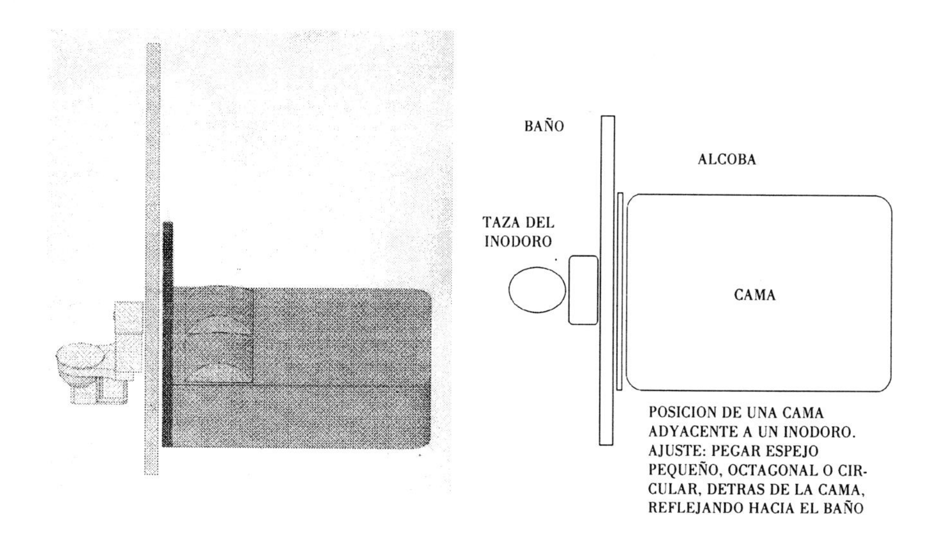

Salud física y mental

Exterior: Casa frente a cementerio o funeraria.
Edificios cercanos con esquinas agresivas.
Casa frente a intersección tipo "T."
Casa frente a una loma o montaña.
Calles, ríos o canales alejándose en curva desde el frente o el costado derecho de la casa.
Plantas secas o árboles muertos frente a la casa.
Arboles o columnas bloqueando la entrada principal.
Esquina de piscina apuntando hacia la casa.

Interior: Baño en el centro de la casa.
Baño visto desde la puerta principal.
Baño o cocina ubicados en la línea central de la casa.
Baño ubicado en el piso de arriba sobre la cocina, especialmente si el inodoro se halla sobre los fuegos.
Baño al final de un pasillo largo.
Baño alineado opuestamente a la puerta principal (aunque no se vea.)
Baño sobre el dormitorio, especialmente si el inodoro está encima de la cama.
Puertas de dos baños que se enfrentan.

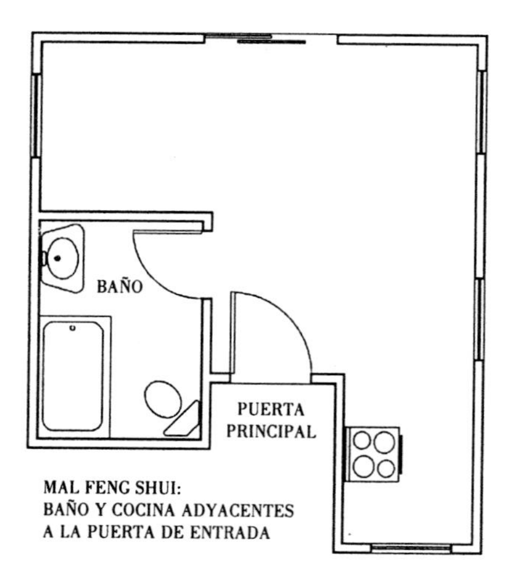

RECOMENDACIONES:
1- INSTALAR ESPEJO EN LA PUERTA DEL BAÑO, SELLAR EL BAÑO O COLCAR EN EL BAÑO BOLA DE CRISTAL FENG SHUI
2- INSTALAR ESPEJO EN LA PARED, DETRAS DE LA COCINA.
REFORZAR CON LOS TRES SECRETOS.

Baño adyacente a la puerta principal.
Alcoba principal vista desde la puerta de entrada.
Alcoba sobre el garaje.
Cocina adyacente a la puerta principal.
Cocina en el centro de la casa.
Chimenea en el centro de la casa.
Fuegos de la cocina vistos desde la puerta principal.
Puertas bloqueadas.
Puertas que no se hablan, puertas en conflicto.
Puerta principal alineada con puerta de patio.
Muchas puertas en habitaciones pequeñas.
Escaleras espirales cerca del centro de la casa.
Escaleras estrechas.
Techos inclinados.
Techos bajos.
Vigas sobre la cama o sobre la mesa del comedor.

Ventanas bloqueadas o rotas.
Sistemas mecánicos o eléctricos en mal funcionamiento.
Colores desequilibrados.
Cama debajo de una ventana.
Cama sin circulación de aire entre el colchón y el suelo.
Cama alineada con los fuegos de la cocina o con el inodoro, al otro lado de la pared.
Escritorio dando la espalda a la puerta de entrada.
Camas y escritorios agredidos por vigas o columnas.
Espejos que cortan la cabeza.
Muebles muy cercanos a chimeneas.

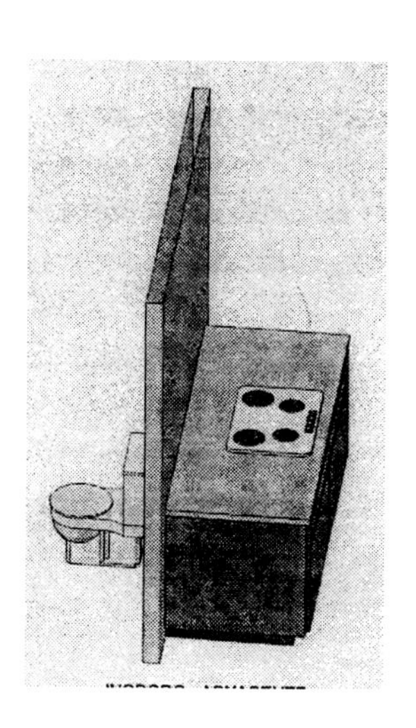

INODORO ADYACENTE A LA COCINA

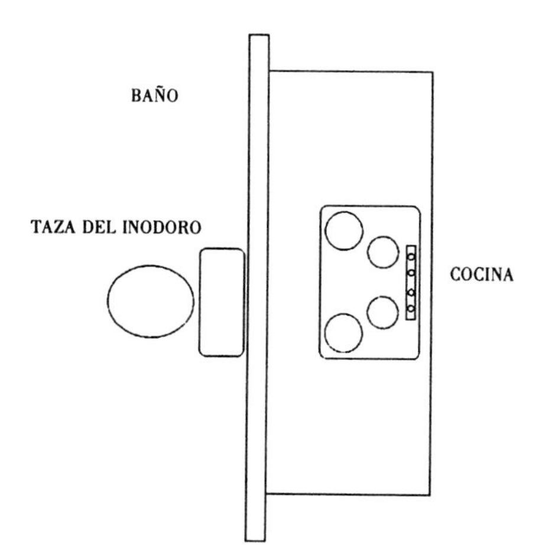

COCINA Y BAÑO (INODORO) EN CONFLICTO.
AJUSTE:
INSTALAR ESPEJO DETRAS DE LA COCINA REFLEJANDO LAS HORNILLAS; COLGAR CAMPANILLA PEQUEÑA ARRIBA DEL LUGAR OCUPADO POR LA PERSONA QUE COCINA.

Finanzas, Abundancia Física y Espiritual

Exterior: Solar con lados desiguales.
Solar con frente más ancho que fondo.
Agua detrás del hábitat (lago, río, piscina), muy detrimente si en forma de bahía.
Calle que se aleja de la propiedad en el lado de finanzas.
Casa ubicada al final de una calle sin salida o "Court de Sac".
Corte en el área de carrera y profesión.
Corte en el área de Finanzas.
Conflicto en el área de Finanzas: construcciones agresivas en el área de finanzas, agua drenando del techo o pila, hacia la calle, árboles secos o vegetación pobre en el área de finanzas.

Interior: Baño en el área de finanzas.
Paredes mordiendo la puerta de entrada al área de finanzas.
Flechas escondidas (esquina de columnas o paredes) en el área de finanzas.
Puertas o ventanas rotas en el área de finanzas.
Infiltración de agua en el área de finanzas.
Plomería defectuosa en el área de finanzas.
Escaleras en el área de finanzas.
Escaleras mordiendo puerta principal de entrada, ubicada en carrera y profesión.

III

SOLUCIONES TRASCENDENTALES

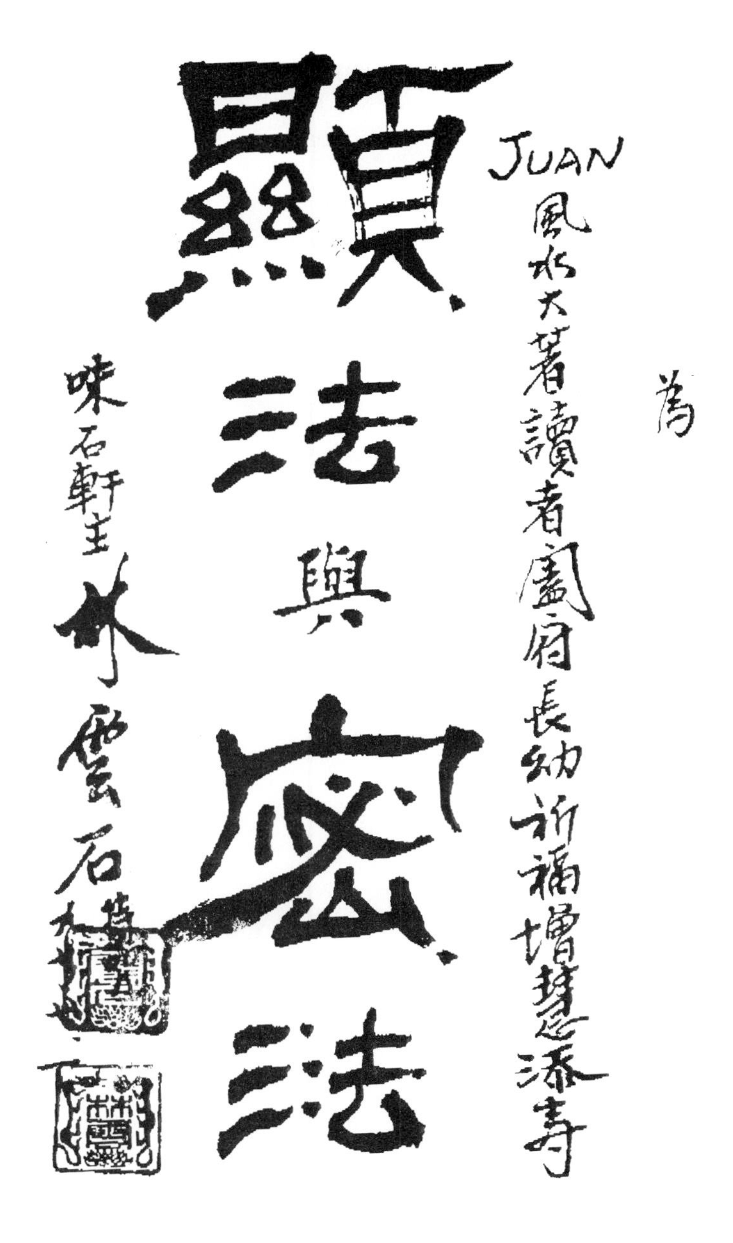

En resumen, el Feng Shui nos hace conscientes de los factores visibles e invisibles que inciden en un lugar y nos facilita a través de su arte y su filosofía, los principios y los métodos para equilibrarlos y crear así una relación de armonía entre dicho lugar y las personas que lo habitan. El Feng Shui de la Escuela del Sombrero Negro del Budismo Tántrico Tibetano, se concentra en los siguientes puntos:

1. Factores visibles.
2. Factores invisibles.
3. Uso de las soluciones visibles de la tradición.
4. Uso de las soluciones trascendentales del Budismo Tántrico Tibetano.
5. Concentración en la energía Yin. Estableciendo la conexión con la energía del lugar.
6. Enfasis en las soluciones trascendentales. Utilización de métodos tibetanos como: el Trazado de las Nueve Estrellas, la Rueda Dhármica* y otros.

Las soluciones visibles (Yang) del Feng Shui deben ser acompañadas de una intención sagrada, para honrar la divinidad manifestada por los trigramas del Ba-Gua (Yin).

Soluciones visibles de la tradición

Las soluciones visibles consisten en el uso de los Principios y de las Nueve Adiciones Menores de la tradición.

---

* La Rueda Dhármica es la más divina meditación tibetana. Caminando por la casa se recita el mantra: Om Ma Ni Pad Me Hum.

Las nueve adiciones menores:

1. **Objetos brillantes**. Lamparas, velas, cristales de Feng Shui, espejos y otros objetos brillantes.
2. **Colores**. Uso de telas, cuadros, flores naturales o artificiales.
3. **Sonido**. Campanas, móviles, música.
4. **Vida**. Bonsais, plantas, peceras, otros.
5. **Energía cinética**. Agua, molinos de viento, banderas, fuentes de agua.
6. **Objetos de peso**. Estatuas, figuras, rocas y otros.
7. **Energía eléctrica**. Objetos con energía eléctrica.
8. **Símbolos**. Pirámides, símbolos sagrados, flautas de bambú chinas, Ba-Gua y monedas chinas.
9. **Otros**. Cortinas, alfombras, fragancias, banderas.

Las soluciones visibles o adiciones menores de la tradición deben ser reforzadas con los Tres Secretos.

Principios de la tradición

Los principios de la tradición son sugerencias practicas para ser usadas en el hogar, en la oficina y en los negocios. Ver páginas 42 y siguientes.

El método trascendental

La práctica del arte ambiental del Feng Shui tiene dos aspectos. El aspecto externo (Yang) es estético y está basado en las formas, colores y diseño de las áreas, siguiendo los principios fundamentales del Feng Shui. El aspecto interno (Yin) o método trascendental, depende de la preparación y de la intención del estudiante o practicante.

El aspecto externo del Feng Shui incluye la información sobre los principios del Ba-Gua, que se aplican para determinar las líneas de armonía alrededor y dentro de una propiedad, casa u oficina. También el uso de los principios de la tradición a fin de reforzar las áreas que se encuentren debilitadas por la presencia de formas angulares, agresivas, de vigas expuestas, paredes mordientes o distribuciones que contribuyan al estancamiento del flujo del Ch'i. La decoración del lugar usando los principios del aspecto externo del Feng Shui ayudará a lograr resultados favorables de entre un 20% y un 30%.

El método trascendental es algo diferente. El practicante que use el método trascendental en la decoración Feng Shui logrará un resultado favorable de un 120% en aquello que necesite atención y mejora. El resultado dependerá siempre de la comprensión y de la intención del practicante. Se recomienda que quienes deseen usar el método trascendental reciban la instrucción oral directa del Maestro Thomas Lin Yun, asistiendo a uno de sus seminarios u a otros seminarios conducidos por alguno de sus estudiantes. Después de haber recibido instrucción y haber dedicado algún tiempo al estudio y la practica de los principios de armonía expresados en la teoría y la filosofía del Feng Shui, el practicante deberá hacerse las siguientes preguntas:

1. ¿Estoy capacitado para usar el método trascendental?

   Antes de aplicar el Feng Shui en nuestras casas debemos hacernos esta pregunta. En el caso de un practicante o profesional que quiera incluir este método en su trabajo, esta pregunta reviste la mayor importancia. Antes de usar el método trascendental el practicante debe prepararse debidamente. Su energía vital o Ch'i debe ser reforzada con la meditación, a fin de que pueda transmutar con éxito las energías y emanaciones adversas, convirtiéndolas en luz, armonía y prosperidad. En otras palabras, el practicante deberá familiarizarse con el método trascendental que va a utilizar y además deberá tener sumo cuidado en armonizar su energía, su fuerza vital o Ch'i, antes de realizar una cura trascendental. Esta preparación se hace con oraciones y meditaciones.

2. ¿Puedo utilizar el método trascendental?

   Si una persona vive sola, estará haciéndose esta pregunta a si misma y ella es quien debe responder. En el caso de una familia, es conveniente explicar antes en qué consiste el Feng Shui, especialmente el método trascendental. En el caso de un practicante profesional ello es todavía más importante. El practicante de Feng Shui debe respetar la privacidad de la persona que lo haya contratado para decorar o diseñar el espacio que ocupa. Antes de usarse se debe siempre preguntar y se debe explicar en qué consiste el método trascendental. Nunca deberá usarse el método trascendental sin haber preguntado antes. Si la persona está de acuerdo, entonces el practicante debe proceder con el método apropiado. También debe explicarse acerca de "honrar la tradición del sobre rojo." El sobre rojo es la forma por la cual mantenemos un lugar especial en nuestro trabajo y honramos a los maestros que nos han entregado el conocimiento de la tradición. El sobre rojo es lo que permite el uso del método trascendental para así poder lograr un resultado del 120%. El practicante deberá explicar el por qué del sobre rojo y después deberá dormir con él, colocando los sobres rojos, dentro de la funda de su almohada y durmiendo con ellos esa noche. Los sobres rojos, semejantes al que se encuentra al final de este libro, se pueden adquirir en cualquier bazar o tienda de artículos chinos.

3. ¿Debo proceder a hacerlo en este momento?

La tercera pregunta es la más importante. Después que nos hemos preguntado si podemos hacer este trabajo y después de haber pedido permiso y explicado el uso del método trascendental debemos asegurarnos de que la energía del lugar en ese momento sea propicia para el uso del método trascendental. Es decir, debemos preguntar a la energía del lugar y sentir su respuesta en nuestro corazón. Quizás no sea el momento, día ú hora propicia y debamos esperar un tiempo. Los métodos trascendentales se usan para reforzar todos los cambios visibles realizados en la decoración Feng Shui. En ocasiones el método trascendental es la única forma disponible para armonisar un área de conflicto. Una columna bloqueando la puerta de entrada principal produce un efecto de restricción y bloqueo en la Boca del Ch'i. Este tipo de diseño afecta a la prosperidad de las personas que viven o trabajan en el lugar. La solución en este caso es el uso del método trascendental.
Cuando el practicante decida utilizar el método trascendental deberá proceder de acuerdo con su ética profesional y deberá seguir las sugerencias de la tradición. Antes de iniciar el método trascendental deberá realizar algún tipo de meditación. Aunque la tradición aconseja realizar la llamada Meditación Solar del Buda, cualquier otro tipo de meditación, acorde con las creencias religiosas del practicante, es igualmente válida.

Entre las principales operaciones comprendidas dentro del método trascendental están las siguientes:

1. Los Tres Secretos.

LOS TRES SECRETOS

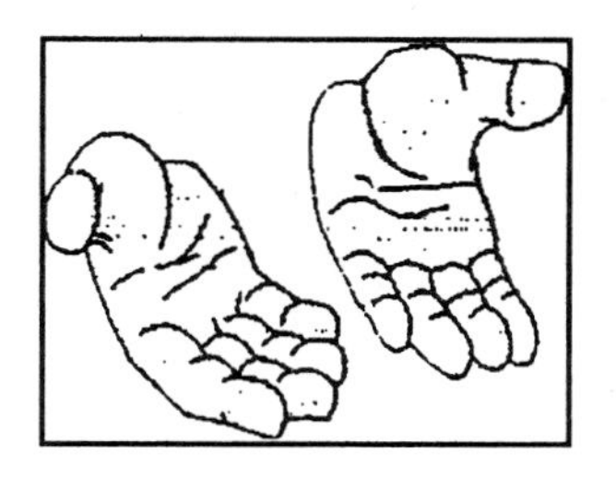

1 - mudra

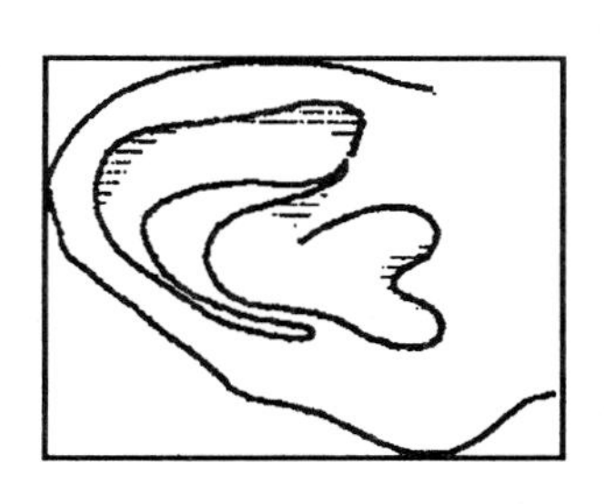

1 - mantra

1 - sutra

2. El movimiento de los ocho trigramas.
3. El Camino de las Nueve Estrellas.
4. La Rueda de las Ocho Puertas.
5. El ajuste exterior de Ch'i.
6. El ajuste interior de Ch'i.
7. Otros.

Los tres secretos

Este ritual místico refuerza cualquier solución adoptada y también cualquier otro ritual aplicado previamente. El ritual de los tres secretos combina tres elementos: cuerpo, palabra y mente.

1. Cuerpo. El ritual del cuerpo usa gestos o mudras que consisten en posiciones concretas de las manos o del cuerpo. El darse las manos en un ejemplo de mudra que expresa sentimientos de amistad. El Mudra de la Paz es una posición de manos que calma el corazón y la mente. Este Mudra se hace colocando la mano izquierda sobre la derecha, suavemente con los pulgares tocándose a la altura del plexo solar.

Mudra de la Paz

2. Palabra. El poder de la palabra contenido en los mantras fortalece la esencia de las emanaciones del Ch'i. Los mantras más usuales son: Las Seis Palabras Verdaderas: *Om Ma Ni Pad Me Hum* y el mantra del Corazón: *Caté-Caté, Poro-Caté, Poro-Som-Caté, Bodé-Sojá.*

3. Mente. Más importante que los mudras y mantras es la mente. El estado de consciencia, la intención sincera y la pureza de pensamiento es lo que establece el contacto íntimo con la fuerza creadora del Ch'i.

Pueden también usarse otros Mudras (posiciones de manos y cuerpo) y otros Mantras. Otro Mudra usado es el Mudra de la Liberación. Este Mudra se hace uniendo los dedos medio e índice con el pulgar. Cuando el pulgar está sosteniendo los dedos medio e índice, soltarlos, abriendo la mano y pronunciando el mantra de las Seis Palabras Verdaderas, Om Ma Ni Pad Me Hum. Los hombres con la mano izquierda, las mujeres con la mano derecha.

Todo objeto dedicado a equilibrar un área de actividad del Ba-Gua debe ser reforzado con los Tres Secretos. Cuando un espejo es instalado en la puerta de un baño, debido a que su elemento agua (agua que drena) está afectando un área de la línea del fuego, dicha decoración debe ser reforzada con los Tres Secretos. Cuando colocamos una planta viva, una de las adiciones menores de la tradición, para reforzar cualquier actividad de nuestras vidas, debemos siempre agregar la intención a través de los Tres Secretos.

El Feng Shui es un arte que se realiza paso, a paso. El hogar o centro de trabajo es un universo de energías. El Ch'i se refleja a través de las formas, los colores y las energías presentes. Podríamos imaginarnos que este universo de energías es como un gigantesco árbol de luz, con ramas, hojas, frutos, tronco y raíces. El árbol de energía debe mantenerse. El Feng Shui es la acupuntura del medio ambiente. El estudiante y el practicante procederán a reforzar las áreas débiles y a mantener el equilibrio de las fuerzas, complementando sus manifestaciones para realizar la unidad de la armonía del Tao.

Para lograr un mayor resultado en el método trascendental, podemos usar las horas más propicias del día, de acuerdo con la Astrología china.

Después de haber estudiado un lugar y determinado los métodos a usar, se debe sellar con el Trazado de las Nueve Estrellas.

Cuando existan situaciones críticas que requieran una atención especial podemos usar otros métodos trascendentales.

Todos los métodos trascendentales deben ser sellados con el uso de los "sobres rojos."

El trazado de las nueve estrellas

Este ajuste es el más importante para limpiar el hogar y armonizarlo con bendiciones.

Recitar el mantra del Corazón nueve veces: CATÉ-CATÉ PORO-CATÉ PORO-SOM-CATÉ BODÉ-SOJÁ. Visualice su cuerpo irradiando luz.

Muévase por la casa, física o mentalmente, según el Ba-Gua:

1. Familia - Verde	Júpiter
2. Dinero - Púrpura	Estrella Polar
3. Salud - Amarillo	Saturno
4. Amigos - Gris	Sol
5. Hijos - Blanco	Venus
6. Conocimiento - Azul	Estrella Deneb
7. Fama - Rojo	Marte
8. Carrera - Negro	Mercurio
9. Matrimonio - Rosado	Luna

A medida que uno se va moviendo a través de los nueve puntos, deberá aplicar los tres secretos: la posición mudra, la aptitud mental y el mantra del corazón:

- Recite el mantra del Corazón (Caté-Caté Poro-Caté Poro-Som-Caté Bodé-Sojá)
- Visualice todo su cuerpo infundido de diez mil luces.
- Muévase física o mentalmente por la casa comenzando en el lado de la familia.
- Al moverse a través de las nueve estrellas proyecte toda la luz que irradia de su ser hacia las paredes, suelos, techos y muebles.

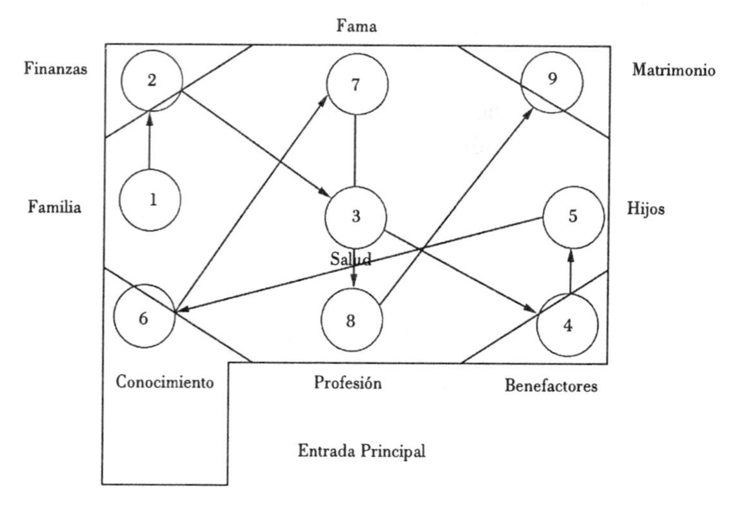

Trazando las nueve estrellas

Este es un ejercicio personal que fortifica el Ch'i eliminando cualquier negatividad.

La rueda de las ocho puertas

Otro método para ajustar el Ch'i de un lugar es el conocido como "La Rueda de las Ocho Puertas." Es un método de visualización que consiste en imaginar dos ruedas octagonales, una fija y otra rotando constantemente alrededor del centro del lugar. La rueda en movimiento rota con una sucesión de ocho situaciones: vida, accidente, imaginación, experiencia, muerte, miedo, posibilidad y descanso. De estas situaciones la vida es la mejor, la muerte la menos deseada. La situación de descanso significa dejar que las cosas pasen con lo cual pueden suceder eventos adversos que tal vez conviertan lo bueno en malo. La imaginación es una situación vinculada con la facultad creativa donde se transmutan los elementos negativos en positivos, lo malo en bueno. El ajuste consiste en traer vida a todas las situaciones, transmutando toda la energía en luz, vida y amor.

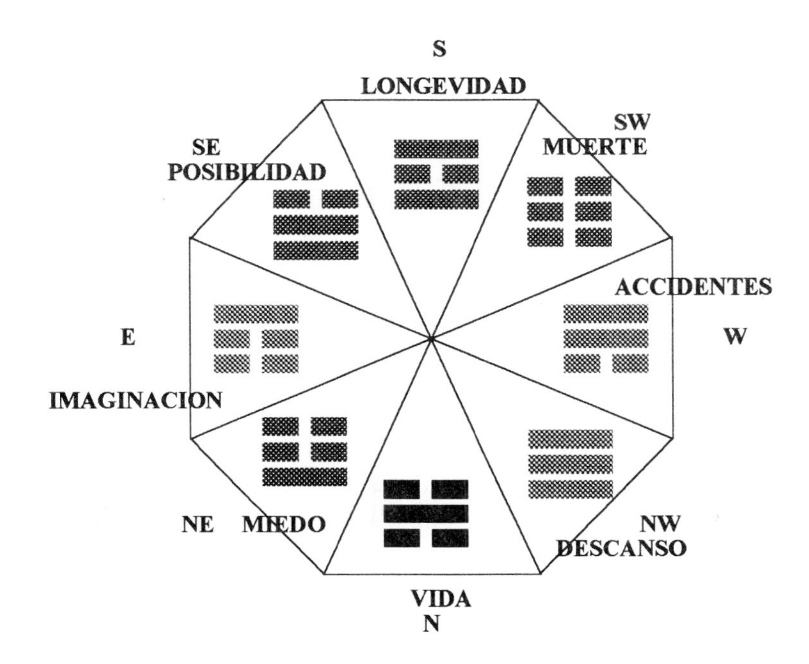

Imagine dos octágonos, uno fijo y otro rotativo. Cuando entre en la casa o habitación trate de sentir que la situación de vida coincida con usted en la puerta de entrada. Antes de dar el primer paso sienta la energía del octágono. Si la situación de vida es la que le impresiona dé el paso. Después visualice el resto de las situaciones y muévalas hacia la entrada, donde se encuentra la vida. Otra forma de traer vida a todas las situaciones es usar el Trazado de las Nueve Estrellas. Visualizando la situación de vida nos movemos a la familia y comenzamos el trazado de las nueve estrellas, llevando la luz, la vida y el amor a todas las situaciones del octágono, a través de los trigramas del Ba-Gua.

Ajustando el ch'i externo

El Ajuste del Ch'i Externo, o Yu Wai, es un ritual que produce un renacimiento próspero en un lugar. Sostenga un puñado de arroz en la palma de su mano y refuércelo con los Tres Secretos. Rocíelo alrededor del perímetro interior del edificio o apartamento y después desparrame el resto en el exterior de la casa, apartamento o edificio. En el exterior puede moverse hacia las esquinas del edificio o propiedad, y lanzar tres puñados de arroz hacia el aire, visualizando que se está alimentando a todos los espíritus negativos para que se alejen, después puede lanzar tres puñados hacia la tierra, visualizando un despertar de la energía del lugar que lleva al desarrollo de la prosperidad, la felicidad y la salud. Refuerce cada posición con los Tres Secretos.

Ajustando el ch'i interno

Cuando la forma de una casa o apartamento es simétrica se puede utilizar el método trascendental "Yu Nei" o ajuste del Ch'i interno. Dibuje el plano de la casa, apartamento o habitación. Conecte con una línea cada esquina opuesta. Conecte cada esquina con el punto central de la pared opuesta. El cruce de las líneas ira trazando un espacio central, ese espacio es un lugar especial y sagrado para el ambiente. Coloque un objeto de peso, o planta viva en este espacio. Refuerce con los Tres Secretos.

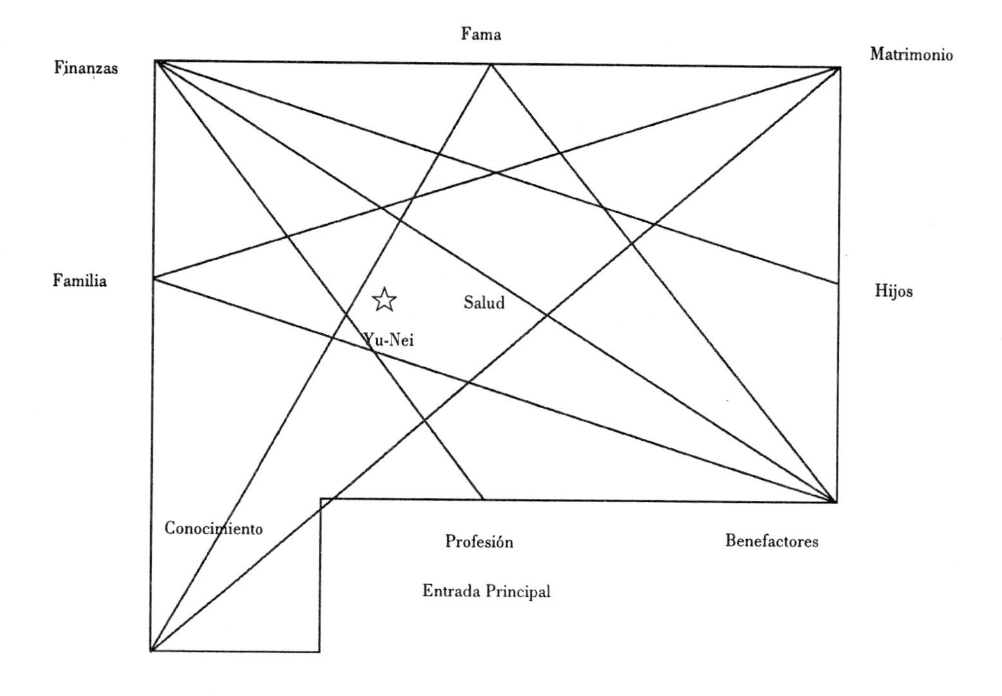

Yu-Nei

La tradición del sobre rojo

Cada vez que se comparte información del Feng Shui debemos honrar la tradición. La forma de proceder determina la efectividad del intercambio de energía entre la persona que brinda la información y aquella que la recibe. Los sobres rojos deben ser nuevos. Cuando la información es pedida a través del teléfono u otro medio de comunicación, antes de darla es necesario haber recibido el sobre rojo.

El numero de sobres rojos se determina en base a la importancia de la información y al numero de recomendaciones. Por cada recomendación se pueden pedir 1, 3, 9, 27, 99 o 108 sobres rojos. Cada sobre debe tener algún dinero dentro.

Los números 1, 3 y 9 simbolizan la unidad, la creación y la manifestación completa.

Para entregar la información debe tenerse en cuenta la necesidad y la sinceridad de la persona que la solicita. Quien necesite información de Feng Shui debe pedirla. La persona debe entregar el sobre rojo antes que la información le sea concedida.

El uso del sobre rojo sella la información que se está compartiendo y muestra respeto por la tradición y por el trabajo sagrado de los maestros que nos transmitieron los secretos del cielo y de la tierra relacionados con la protección del Ch'i.

Al recibir los sobres rojos, esa noche se debe dormir con ellos debajo de la almohada haciendo previamente los tres secretos. A la mañana siguiente se puede usar su contenido para donación o uso necesario en feng shui.

Al final de este libro el lector encontrará un sobre rojo. Si desea utilizar el método trascendental es conveniente que honre antes la tradición del sobre rojo, enviándolo por correo, con una donación, al Templo de Lin Yun, 2959 Russell Street, Berkeley, California 94705. USA.

Soluciones trascendentales

(Recomendadas por el Maestro Lin Yun)

Este tipo de solución puede crear polémicas en algunas personas, pues muchas veces se encontrarán con acciones hasta cierto punto inexplicables, que a primera vista pueden parecer irracionales o ilógicas y hasta podrían ser vistas como supersticiones sin sentido. Sin embargo recordemos que existen regiones en el Universo donde las soluciones trascendentales tienen su propia lógica no descubierta ni cuestionada, pero sí aceptada por la mayoría de sus habitantes. A fin de obtener resultados más eficaces para nuestros cambios, debemos usar más la lógica trascendental, y tratar de suspender nuestros prejuicios hacia un conocimiento que trasciende los límites de lo conocido. En realidad ese conocimiento está dentro de nosotros mismos y si profundizamos y buscamos más allá de nuestros sentidos físicos, encontraremos la verdad mística de la solución trascendental.

El universo de las realidades percibidas a través de nuestros sentidos físicos representa un sistema lógico. Cuando nos referimos al uso de métodos que trascienden la comprensión lógica de las leyes físicas algunas mentes se preocupan. Recordemos que el universo físico, sus leyes y la comprensión lógica de las mismas se nutre y nace de una esencia que proviene de una región ilógica, cuya fuente se encuentra en aquello no manifestado, no existente, e ilógico, que es la esencia divina del espíritu.

A continuación presentamos algunas soluciones trascendentales del Maestro Thomas Lin Yun, que pueden servir para muy distintos problemas.

Solución trascendental para la venta de una casa

El tiempo mejor para practicar este método es entre 11 de la mañana y la 1 de la tarde. También puede practicarse en la hora propicia de la persona, de acuerdo con la astrología china.

Método:

1. Entre las 11 y la 1 tomar un artículo pequeño de la cocina o de la cimentación de la casa (se puede también escoger la hora propicia, de acuerdo con la Astrología China) como la perilla de una puerta, un tornillo, un pedazo del cimiento etc...
2. Dentro del tiempo mencionado (si es posible), vaya a un lugar donde fluya agua (un río, un arroyo o el mar).
3. Tire el objeto de la cocina o cimiento al agua.
4. Visualice que el objeto representa su casa y que se aleja de usted.
5. Entonces visualice al dueño nuevo acercándose y alcanzando el objeto.
6. Visualice al objeto y al dueño nuevo feliz y contento, ambos moviéndose con la corriente y realizando la mudanza. Sienta como la casa cambia de manos.
7. Es tiempo de reflexionar acerca de algún tipo de apego a la casa. Tómese un momento y escuche cuidadosamente. Este puede ser un momento de gran discernimiento y claridad. Quizás aprenda qué cambios necesita la casa para mejorar su apariencia.
8. Refuerce con los tres secretos.
9. Aléjese del lugar sin mirar hacia atrás.

Importante:
No mencione este método trascendental a nadie, hasta después que la casa se haya vendido.

Reemplace el objeto que quitó de la cocina **después que la casa se haya vendido** y antes que el nuevo dueño reciba la llave.

Puede usar el mudra de la bendición, para debilitar cualquier obstáculo que esté demorando la transacción de venta.

Si comparte con otros esta información, o cualquiera de las siguientes, debe honrar la tradición del sobre rojo.

La concepción de un hijo - Método trascendental

Este ritual se realiza cuando una pareja desea tener un bebé. Se requieren los artículos siguientes:

1. Nueve semillas de loto
2. Nueve cacahuetes
3. Nueve dátiles secos
4. Nueve nueces de lichi
5 Un plato profundo

Proceda como sigue:

1. Coloque las semillas, dátiles y nueces en el plato y llénelo con agua hasta aproximadamente el 75% de su capacidad.
2. Exponga la vasija, antes de acostarse, al cielo, invitando a la fuerza creadora de Dios a infundir el agua y la casa. Visualice que la Virgen de la Misericordia le trae un bebé saludable.
3. Coloque la vasija con su contenido debajo de la cama, directamente debajo del abdomen de la mujer.
4. Refuerce con los tres secretos.
5. Cada mañana durante nueve días cambie el agua, exponiendo la vasija con agua al cielo e invitando a la fuerza creadora de Dios a la casa.
6. Después de los nueve días, rocíe el agua en una planta, y entierre las semillas los dátiles y las nueces en la tierra.
7. Coloque la planta cerca de la puerta delantera, dentro o fuera de la casa y refuerce con los Tres Secretos.
8. Repita el proceso descrito durante dos días más, usando dos plantas adicionales.
9. Ubique la segunda planta en el salón, cerca de la entrada y la tercera planta en la alcoba central, en el lugar que corresponde a la actividad de los Hijos. No mueva la cama ni desempolve debajo de ella durante todo este tiempo.

A. Claridad mental

1. Obtenga 2 espejos redondos de entre 7 y 9 cm. de diámetro.
2. Ponga uno de los espejos al sol durante un total de 24 horas. Exponga el otro espejo a la luz de la luna durante un total de 24 horas.

3. Pegue los dos espejos y luego póngalos bajo su almohada y duerma sobre ellos 27 noches.
4. Cada mañana repita nueve veces el mantra del corazón: Gatay, Gatay, Boro Som Gatay, Godhi So Po He. Luego limpie el espejo, visualizando que está limpiando su problema.
5. Refuerce con los Tres Secretos:
    a. Posición del Mudra de la Paz Mental,
    b. Mantra: Gate-Gate, Para-Sam-Gate, Bodhi-Sawana.
        (Repetir 9 veces).
    c. Visualice claridad. Repita las Seis Palabras Verdaderas
        9 veces: Om Ma Ni Pad Me Hum.
6. Por último ejecute con sus manos el mudra de sacudir o soltar.

B. Realización

1. Practique el ejercicio de respiración detallado a continuación, siendo consciente de que al inhalar está respirando la energía sanadora y creadora del universo, y al exhalar está liberando energía negativa acumulada en su cuerpo, o el problema que le está molestando.
2. Tome una inhalación profunda. Exhale por la boca ocho veces, como si estuviera soplando. La novena exhalación debe ser larga, liberando el resto del oxígeno que le quedaba.
3. Practique el ejercicio 9 veces consecutivas cada día, por un total de 9 o de 27 días seguidos.

C. Creación

1. Durante 9 o 27 días deberá conocer a 9 personas y durante ese tiempo no deberá juzgar a nadie, ni hablar mal de nadie, manteniendo siempre pensamientos positivos.
2. Practicar este ejercicio durante 9 o 27 días.

Ejercicio de las seis palabras verdaderas

1. Hacer una inhalación profunda, llenando los pulmones en las partes bajas y exhalar en nueve partes, alargando la última exhalación.
2. Hacer una inhalación profunda, visualizando el mantra de las Seis Palabras Verdaderas (Om, Ma, Ni, Pad, Me, Hum) con sus colores respectivos en cada parte correspondiente del cuerpo.
3. Repetir el mantra de las Seis Palabras Verdaderas 3 veces.

Este ejercicio puede usarse cuando la persona se siente cansada y sus niveles de energía están bajos.

Las tres armonías

Las tres armonías constituyen uno de los métodos más avanzados en el uso de las líneas de armonía del Ba-Gua. Representan las líneas de un triángulo y están basadas en la relación armónica de los trinos o trígonos.

El método trascendental de las cuatro cintas rojas para la protección del matrimonio

Este método es un ejemplo del uso de las tres armonías. Si un matrimonio requiere ayuda y existen situaciones difíciles debido a discusiones y diferencias de opinión se puede tratar de usar las cuatro cintas rojas. Consiga un metro de cinta roja y córtela en cuatro piezas de 25 cm. de largo cada una. Pegue cada una de estas cintas en la parte de arriba de los símbolos del Ba-Gua, en los siguientes trigramas: 1) Ch'ien, (benefactores) 2) Khan, (carrera y profesión), 3) Chen, (familia) y 4) Sun, (finanzas).

Al pegar cada una de las cintas refuércelas con los Tres Secretos.

Cuelgue el Ba-Gua en un lugar retirado, en el área del matrimonio. El Ba-Gua no es necesario que esté a la vista.

Este método puede ser usado también para el resto de las actividades.

Todos los trigramas del Ba-Gua resuenan a través de trinos o aspectos de las tres armonías. La figura de las tres armonías muestra cuatro triángulos. Sus lados conectan los trigramas que están asociados. Esta relación implica que cuando existe una condición negativa, debilidad o conflicto en un área, puede ser ayudada por la intención, ajustes y arreglos procedentes de las áreas conectadas con ella por las tres armonías.

El área del matrimonio (Kun) recibe ayuda, a través de las tres armonías, de las áreas de los benefactores (Ch'ien), carrera y profesión (Khan) y familia (Chen).

Ello implica también que si estas áreas (benefactores, profesión y familia) están con problemas y no se refuerzan debidamente pudieran afectar las relaciones personales de las personas que viven en la casa.

Las correspondencias entre los trigramas, en relación con las tres armonías son las siguientes:

TRIGRAMA	CORRESPONDENCIAS DE LAS 3 ARMONIAS
MATRIMONIO:	Benefactores, profesión, familia y finanzas
HIJOS:	Conocimiento y finanzas (Colocar dos cintas por trigrama)
BENEFACTORES:	Conocimiento, familia, fama y matrimonio
PROFESION:	Finanzas y matrimonio (2 cintas por trigrama)
CONOCIMIENTO:	Finanzas, fama, hijos y benefactores
FAMILIA:	Matrimonio y benefactores (2 cintas por trigrama)
FINANZAS:	Matrimonio, hijos, profesión y conocimiento
FAMA:	Benefactores y conocimiento

Sellando las puertas

Este método trascendental se utiliza al mudarse a un lugar que ha sido ocupado antes por otras personas, especialmente para limpiar el ambiente de emanaciones y situaciones de origen desconocido y carácter adverso. Se recomienda su uso al mudarse a una casa, o negocio, cuando la historia del lugar es desconocida o negativa.

Para sellar las siete puertas se necesitarán 9 gms. de cinabrio (ju-sha) que se mezclarán con un licor de 45 grados (en USA 150 grados de prueba) en un pequeño plato hondo de cristal.

Deposite el cinabrio en el plato y tomando un cuentagotas eche 99 gotas, o un número de gotas igual a su edad, más uno. A medida que vaya dejando caer cada gota, pronuncie el mantra de las Seis Palabras Verdaderas. Cuando termine, revuelva la mezcla, los hombres con el dedo medio de la mano derecha, las mujeres con el dedo medio de la mano izquierda.

Mientras esté revolviendo la mezcla, pronuncie también el mantra de las Seis Palabras Verdaderas.

Tome el plato con la mezcla y marque todas las puertas de la casa por dentro. La marca se debe hacer con el dedo medio, mojado en la solución. Cada puerta se marca en el centro arriba, y en tres puntos del costado por donde abre. Marcar todas las puertas incluyendo la entrada principal, las de los cuartos y la puerta del garaje. Refuerce cada marca con los Tres Secretos, usando el mudra de la Liberación. Las mujeres marcarán con el dedo medio de la mano izquierda y harán el mudra con la mano derecha. Los hombres marcarán con el dedo medio de la mano derecha y harán el mudra con la mano izquierda. Marque también en el centro, debajo de las camas y escritorios de trabajo y en las áreas que corresponden a la fama, salud y profesión. En la cocina marque el centro de cada hornilla.

La meditación del sutra del corazón

Esta es una meditación para elevar y fortificar el Ch'i y para armonizar los ritmos del cuerpo a fin de lograr la salud física y mental. Puede hacerse sentado o reclinado en una cama. En la posición del mudra del corazón pronuncie el mantra del corazón (Cate Cate, Poro Cate, Poro Som Cate, Bode Soja) nueve veces.

Imagine un silencio absoluto. De este silencio absoluto, en la lejanía, comienza a oír un sonido que se va acercando lentamente. El sonido es como un zumbido "humm" que va, poco a poco aumentando en intensidad. Al hacerse más audible visualizamos una pequeña esfera blanca, vibrante y luminosa, que es quien lo emite. Esta esfera blanca se sitúa frente al área del "dan tien," a unos siete centímetros por debajo del ombligo aproximadamente. Después la esfera de luz comienza a dar vueltas horizontalmente alrededor del cuerpo, en la dirección de las manecillas de un reloj, dando en total nueve vueltas. Luego se desplaza en espiral, alrededor del cuerpo, hacia la cabeza, continuando su movimiento por la columna vertebral hacia abajo y yendo de nuevo hacia el área del "dan tien." Después de situarse frente al "dan tien" da tres vueltas alrededor del cuerpo, horizontalmente. A la vez que va dando vueltas la esfera de luz blanca comienza a cambiar de color. A medida que se va desplazando hacia el tercer ojo, va cambiando a rojo, naranja, amarillo, verde, azul, índigo y violeta. Al situarse frente al tercer ojo, la bola de luz violeta, resuena con la energía de nuestro ser y comienza a cambiar su color violeta a índigo, azul, verde, amarillo, naranja y finalmente rojo.

Visualice que su Ch'i sale de su cuerpo y se integra a la bola de luz roja. La esfera de luz roja se aleja con su Ch'i y se eleva, viaja hacia el universo infinito, hacia la presencia de una entidad espiritual superior. Cuando su energía esté frente a esa presencia divina pronuncie el mantra de las Seis Palabras Verdaderas para purificar su luz. Visualice que la esfera de luz entra a través del tercer ojo de ese ser de luz (Buda, Cristo, Dios) hacia las profundidades del eterno amor de la divinidad. Imagine que el Ch'i se expande hacia el infinito del cuerpo de luz, de tal manera que su Ch'i y la luz del ser divino se integran en una misma luz. Siéntase uno con Dios. La compasión infinita, la sabiduría eterna y el amor inundan su consciencia. Es una sola y misma esencia. Visualice ahora la sensación de un fuego quemando sus ojos, su nariz, sus oídos, su lengua y su cuerpo completo. Nada queda, excepto el cuerpo de luz. Visualice ahora un loto de ocho pétalos abriéndose en su corazón. Dentro del loto hay dos luces. Una roja y la otra blanca. Debajo de sus pies hay dos flores de loto y se encuentra sentado dentro de una de ellas que tiene ocho pétalos. La luz roja se encuentra en su corazón mientras que la esfera de luz blanca irradia luz hacia todo su cuerpo. Visualice la luz blanca irradiando de su cuerpo hacia todo el universo y hacia todas las dimensiones y dominios de los seis reinos de seres. Los seis reinos son: el cielo, el reino de los dioses celosos, los seres humanos, los animales, los fantasmas hambrientos y el infierno. A medida que la luz aumenta en transparencia y pureza va liberando de ataduras y de sufrimientos a todos los seres afligidos para que también de ellos irradie la luz infinita de sabiduría y amor y para que, en su momento, se refleje en nosotros. Envíe la luz infinita a todos sus familiares, amistades, vecinos y conocidos, enviándoles bendiciones cualquiera que sea el lugar donde se encuentren. Envíe la luz infinita a todos los seres del universo y a todas las especies animales. Termine esta meditación con el Mudra y el Mantra del corazón, repitiéndolos nueve veces.

Meditación solar del Buda

Esta es una meditación excelente y básica, tanto para ajustar su Ch'i antes de realizar un trabajo de Feng Shui como para lograr buena salud y prosperidad. Mejorará su vida aligerando la presión de las preocupaciones diarias, los problemas y las tensiones, limpiando con luz las sombras de las restricciones y presiones generadas por la familia, las amistades y la sociedad.

1. Posición: al sol, en pie con los brazos extendidos hacia arriba, sobre su cabeza y las palmas mirando hacia arriba. La cabeza erguida y los pies separados.
2. Visualice la luz del sol entrando por su cuerpo a través de tres puntos: El centro de su frente y las palmas de sus manos. Sienta que la luz del sol recorre todo su cuerpo y sale a través de sus pies hacia la tierra. Respire profundamente y pronuncie el mantra de las Seis Palabras Verdaderas nueve veces. Repita este paso tres veces.
3. Visualice la luz del sol entrando de nuevo por los tres puntos citados, frente y palmas de las manos. La luz actúa como en el paso 2, pero al llegar a los pies, regresa de nuevo hacia arriba, pasando por

todo el cuerpo y saliendo por los tres puntos por los que anteriormente entró: frente y palmas de las manos, proyectándose hacia el Sol. Respire profundamente y pronuncie el mantra de las Seis Palabras Verdaderas nueve veces. Repita este paso tres veces.

4. Visualice la luz solar penetrando de nuevo por su frente y las palmas de sus manos. La luz solar, cálida, tonificante y resplandeciente pasa por todo su cuerpo, hacia los pies. Al llegar a los pies comienza a circular hacia arriba en forma de espiral. El movimiento es parecido al subir por una escalera de caracol, en la dirección de las manecillas del reloj. Visualice que, a medida que va subiendo con este movimiento espiral, la luz solar envuelve a cada una de sus células, vasos capilares, venas, tejidos, sangre, músculos, huesos y órganos. Sienta que la luz y el calor solar van limpiando todo su cuerpo y aliviando cualquier parte afligida por la enfermedad. Visualice que la espiral de luz va saliendo a través de su frente y de las palmas de sus manos hacia arriba, hacia el Sol. Respire profundamente y pronuncie el mantra de las Seis Palabras Verdaderas nueve veces. Repita este paso tres veces.

Nota: Si es necesario, descanse sus brazos entre cada uno de los pasos.

Para lograr un mayor resultado repita esta meditación 9 veces por día durante 9 días.

Ejercicio de la prosperidad

A muchas personas se les hace difícil establecer una posición financiera cómoda en la vida. Han trabajo durante años sin lograr encontrar la forma de ahorrar lo suficiente, puesto que cada semana que pasa encuentran que sus gastos son mayores que sus ingresos. Semana tras semana, mes tras mes y año tras año no consiguen establecer una corriente económica de carácter positivo. En algunas ocasiones pueden ahorrar una cierta cantidad de dinero, pero súbitamente, algún percance hace que su ahorro se agote al tener que cubrir gastos inesperados.

Con el tiempo la persona se va sugestionando y programando hasta un nivel en el que ella misma, con su propia actitud mental, comienza a bloquear la llegada de la prosperidad a su vida y esta barrera o programación se va intensificando cada vez más a medida que el tiempo pasa.

El ejercicio siguiente está destinado a aclarar la mente y a reforzar la actividad de nuestras vidas que tiene que ver con el aspecto económico. Debe realizarse cuando se afronten dificultades de tipo financiero y también durante los tiempos buenos, para mantener y mejorar la posición alcanzada.

Uno de los principios universales enseñados en el Feng Shui es aprender a pagarse uno mismo, antes de pagar a los demás.

Materiales necesarios:

Un pedazo de tela cuadrado, de color rojo, de 30 cm. x 30 cm.
Dos espejos circulares de 20 cm. de diámetro.
Un trozo de papel de forma circular y color rojo, de entre 10 y 15 cm. de diámetro.
Una pluma de tinta negra, nueva, sin estrenar.
Una alcancía o una vasija de cristal con una ranura en la tapa.

Preparación inicial:

Inhale profundamente y con la pluma negra, escriba en una de las caras del papel rojo: "Caja del Tesoro."
Exhale y tras inspirar profundamente otra vez, escriba su nombre en la otra cara del papel.
Pegue el papel a un costado de la vasija, con el lado en el que se lee "Caja del Tesoro" mirando hacia fuera.

Ejercicio Diario:

Seleccione una moneda de cualquier valor, como la moneda de su ejercicio.
Cada día, durante 27 días consecutivos separe todas las monedas del valor seleccionado y no las gaste.
Cada noche, antes de acostarse deposite las monedas separadas en la vasija o alcancía.

Ubicación del Cofre del Tesoro:

El Cofre del Tesoro debe colocarse debajo de la cama en la que usted duerme, en línea con las manos, cuando los brazos están extendidos a los costados del cuerpo.

El Cofre del Tesoro debe colocarse de la siguiente manera:

1. Un espejo mirando hacia arriba
2. Sobre el espejo el trozo de tela roja

3. El Cofre del Tesoro
4. Un espejo mirando hacia abajo

De este modo el Cofre del Tesoro se encontrará entre los dos espejos. El espejo inferior estará cubierto por la tela roja.

Este ejercicio debe realizarse durante 27 días consecutivos. Si un día se olvida de guardar las monedas deberá comenzar el ejercicio desde el principio. Si comienza de nuevo es conveniente comprar una nueva vasija y usando una pluma de escribir nueva de color negro escriba de nuevo su nombre en un trozo de papel rojo. Puede usar los mismos espejos y la misma tela roja.

Cada día, después de guardar las monedas y colocar la vasija debajo de la cama, refuerce con los Tres Secretos.

Si algún día no recibe monedas del valor seleccionado haga el ejercicio de los Tres Secretos y continúe al siguiente día.

Al término del periodo de 27 días:

Puede retirar todos los materiales, pero no gaste el dinero. Ya durante este tiempo debe haber obtenido algún resultado. Este dinero puede destinarlo a una obra de caridad, o puede abrir con él una cuenta de ahorro en un banco, de la cual no podrá disponer.

Dos personas pueden usar la misma vasija o Cofre del Tesoro.

Método trascendental para sellar el baño

Se necesitan aproximadamente 9 gms. de cinabrio, una botellita nueva de licor de 45 grados, un recipiente para mezclar los ingredientes mencionados y un cuentagotas, para depositar gotas de licor en el recipiente.

Proceda como sigue:

1. Tome una respiración profunda, entonces pronuncie el mantra del Corazón, nueve veces, mientras hace el Mudra de la Paz:

   Caté Caté
   Poro Caté
   Poro Som Caté
   Bodé Sojá

   Para realizar el Mudra de la Paz se coloca la palma de la mano derecha, hacia arriba, cerca del plexo solar. Se pone la palma de la mano izquierda, encima de la mano derecha, abierta descansando sobre la palma de la mano derecha. Una los dedos pulgares haciendo que se toquen ligeramente. Sostenga las manos en esta posición de reverencia, delante del plexo solar.

Después de pronunciar el mantra del Corazón nueve veces, proceda como sigue:

2. Mezcle el cinabrio y el licor. Deposite el cinabrio en el recipiente. Con el cuentagotas lleno del licor de alta graduación deje caer un número de gotas de licor igual a su edad, más una gota adicional, o bien deje caer un número de gotas igual su edad más la edad de todos los miembros de la familia que viven en la casa, más una gota adicional, o bien deje caer 99 o 108 gotas.

3. Mezcle el cinabrio y el licor usando el dedo medio, o dedo del corazón. Los hombres usando el dedo medio de la mano derecha, y las mujeres el de la mano izquierda. Mientras hace la mezcla, recite o cante las Seis Palabras Verdaderas: Om Ma Ni Pad Me Hum.

4. Eche la mezcla en la taza del inodoro. A medida que está echando la mezcla refuerce con la intención de los tres secretos. Cantando las Seis Palabras Verdaderas visualice que está sellando todo posible drenaje del Ch'i positivo. Visualice que la luz infinita proyectada a través de los maestros espirituales de la humanidad manifiesta una energía de paz, de armonía y de prosperidad en la casa o negocio. Visualice que la abundancia física y espiritual del amor divino inunda su espacio. Después de terminar, visualice que con sus intenciones está sellando toda posibilidad de que el agua que se drena tenga algún efecto negativo.

5. Llene el recipiente con agua y eche el contenido en cada uno de los drenajes de la casa, incluyendo otros baños, lavabos, y drenajes del suelo o del patio. A medida que eche el contenido en cada drenaje vaya cantando el mantra de las Seis Palabras Verdaderas. Trate de estimar la cantidad a echar en cada drenaje, dividiéndola en tantas partes iguales como drenajes haya que sellar.

Lávese las manos. Después de completar este método tenga precaución con el polvo de cinabrio. Si sobra, guárdelo lejos de niños y animales

Activación del poder espiritual con la meditación de los ocho trigramas

Usar el mudra del Corazón, recitar 9 veces el mantra de la Paz y visualizar que todo lo que nos rodea se disuelve en la nada.

Mantra:

Caté Caté, Poro Caté, Poro Som Caté, Bodé Sojá.

Lado del trigrama "Chen" del Ba-Gua

1. Visualice que usted se encuentra en la entrada a su casa o a su alcoba, y que su ser está infundido y lleno de luz. Visualice en su Dan Tien (7 cm. por debajo de su ombligo) una esfera pequeña de luz blanca. La esfera va cambiando de color blanco a dorado y se va moviendo hacia arriba hasta situarse cerca de sus ojos, donde se divide en tres esferas más pequeñas de color dorado, dos de ellas se colocan delante de sus ojos y la tercera esfera se sitúa en el entrecejo, en área del tercer ojo. Visualice las 3 esferas doradas, proyectando rayos dorados de luz hacia la pared correspondiente al trigrama "Chen." Visualice los tres rayos en la pared grabando la palabra "Chen" o el símbolo del trigrama: "Chen." Los caracteres son dorados.
2. Visualice un inmortal vestido con una túnica verde china mostrando el símbolo del trigrama "Chen" en color dorado brillante en el centro del pecho. El inmortal se aproxima a nosotros bendiciendo nuestra familia, dándonos salud y fortuna.
3. El inmortal regresa a la pared de "Chen" y desaparece.

Esquina del trigrama "Sun" en el Ba-Gua

1. Siga los mismos pasos mencionados anteriormente, visualice 3 rayos emanando de las esferas doradas hacia la esquina del trigrama "Sun." Visualice los tres rayos en la esquina grabando la

palabra "Sun" o el símbolo del trigrama "Sun." Los caracteres o líneas son doradas.

2. Visualice un inmortal vestido con una túnica china color púrpura con la insignia "Sun" en dorado brillante sobre su pecho. El inmortal se acerca a usted y le entrega preciados obsequios, dinero y tesoros. Le bendice a usted y a su familia para que se fortalezca la actividad económica en la casa y en el negocio.
3. El inmortal regresa a la esquina de "Sun" y desaparece.

Lado del trigrama "Li" del Ba-Gua

1. Visualice los 3 rayos emanado de las esferas, grabando en dorado brillante la palabra "Li" o el símbolo del trigrama "Li." Los caracteres o líneas son dorados.
2. Visualice un inmortal vestido con una túnica china color rojo, con el símbolo del trigrama "Li" en dorado brillante. El inmortal se acerca y bendice el camino del progreso, para que nuestras aspiraciones se transformen en realidades y para que nuestra fama y reputación se fortalezcan. Visualice que su reputación se expande.
3. El inmortal regresa a la pared de "Li" y desaparece.

Esquina del trigrama "Kun"

1. Visualice los 3 rayos emanando de las esferas doradas hacia la posición del trigrama "Kun," grabando en luz brillante la palabra "Kun" o el símbolo del trigrama "Kun." Los caracteres o las líneas son siempre dorados. Visualice un inmortal vestido con una túnica china de color rosado, con el símbolo de "Kun." El inmortal se acerca y bendice a nuestra madre y hermanas. También bendice la energía de las asociaciones, las relaciones y el matrimonio. Cualquier dificultad o desarmonía existente en esta área es eliminada por la luz del inmortal, para que todos los problemas y dificultades se resuelvan manifestándose una vida más feliz. Visualice que todos los problemas y dificultades desaparecen. Si usted es soltero o soltera y desea casarse, visualice el matrimonio con su pareja ideal.
2. El inmortal regresa a la esquina de "Kun" y desaparece.

Lado del trigrama "Tui"

1. Visualice un inmortal con una túnica blanca, con la insignia brillante del trigrama "Tui" o del símbolo de "Tui" apareciendo en la pared. El inmortal activa el "tercer ojo" de los hijos, pidiendo por su seguridad, su salud y por una exitosa carrera o profesión.
2. El inmortal regresa a la pared de "Tui" y desaparece.

Esquina del trigrama "Ch'ien"

1. Visualice los 3 rayos dorados irradiando de las tres esferas hacia la esquina de "Ch'ien," grabando la palabra "Ch'ien" o el símbolo del trigrama "Ch'ien." Los caracteres o líneas son doradas.
2. Visualice un inmortal vestido con una túnica gris y con la insignia "Ch'ien" en dorado brillante apareciendo en la pared. El inmortal viene con bendiciones para resolver los problemas que está enfrentando su esposo, su padre o hermanos.
3. Después de ofrecer su bendición se retira hacia la esquina de donde provino y desaparece.

Lado del trigrama "Kan"

1. Visualice los 3 rayos que forman las letras "Kan" o el dibujo del trigrama en la pared correspondiente a dicho lado del Ba-Gua, siempre en color dorado.
2. Visualice un inmortal vestido con una túnica negra con la insignia del símbolo "Kan" en color dorado brillante, en el pecho, que surge de dicha pared. Se acerca majestuosamente y haciendo el mudra de la bendición trae protección contra toda dificultad y toda obstrucción en la carrera o profesión de quienes habitan la casa.
3. El inmortal regresa a la pared de la posición "Kan" y desaparece.

Esquina del trigrama "Ken"

1. Visualice los 3 rayos de luz dorada irradiando desde las tres esferas, grabando la palabra "Ken" o dibujando el símbolo del trigrama "Ken" en la esquina correspondiente con caracteres o líneas de color dorado.
2. Visualice un inmortal vestido con una túnica china de color azul,

con la insignia del trigrama "Ken" en color dorado sobre su pecho. El inmortal se acerca y nos transmite su fuerza espiritual o Ch'i, para estimular la apertura del tercer ojo, a fin de traer más claridad a nuestras mentes y ampliar nuestra capacidad para el nuevo conocimiento, que nos ayudará a cultivar los más elevados ideales de la humanidad.

3. El inmortal regresa a la esquina de la posición "Ken" y desaparece.

El tai ch'i

Visualice el símbolo del "Tai Ch'i" o "Yin-Yang" apareciendo en el centro de la habitación. El centro de la habitación es el centro de todos los trigramas del Ba-Gua y de la fuerza creadora universal o Ch'i. Visualícese usted también en el centro de la habitación. Mantenga la mente un momento en silencio. Visualice los ocho trigramas, alrededor del centro, y a los ocho inmortales apareciendo, cada uno en su posición respectiva. Ahora, todos unidos en meditación piden por la iluminación de nuestras vidas, para que alcancemos una mayor comprensión de las leyes de Dios. Visualice rayos de luz emanando de cada inmortal, en sus colores respectivos, iluminando nuestras mentes para que adquieran una mayor comprensión, tolerancia, y compasión. Sienta el calor de la esfera de luz infinita que nos envuelve, irradiando desde el centro de nuestro ser, desde la llama eterna de amor que brilla en la chispa divina, en nuestro corazón. Ahora, meditemos por un instante acerca de la trascendencia del momento. Visualice una esfera de luz infinita, transparente y brillante, abriéndose como una flor desde el centro de su corazón e irradiando sus rayos hacia el infinito. Esta luz irradia hacia sus familiares, amigos, casa, oficina y hacia todo el Universo. En su corazón, pida un deseo a Dios. Recite las Seis Palabras Verdaderas. Visualice la luz transformándose en bendiciones. Los inmortales van desapareciendo lentamente por sus posiciones respectivas.

El método de las monedas I Ching del maestro Lin Yun

Materiales: Libro del I Ching
6 Monedas, una diferente a las demás

Procedimiento:

1. Comenzar con los Tres Secretos, el mudra de la Paz y el mantra de Corazón. Recite el mantra del Corazón 9 o 27 veces para relajar la mente y el corazón. Visualice una luz pura que lo envuelve.
2. Mire hacia el cielo y deje que su vista se pierda en la distancia.
3. Tome una respiración profunda, inhalándola lentamente en nueve partes, por la nariz. Póngase en contacto con el Dios de su corazón, sintiéndolo con usted. Manténgase atento a cualquier otra impresión o imagen que pueda aparecer en el ojo de su mente.
4. Trate de sentir las imágenes, sentimientos y experiencias conectadas con la pregunta que quiere hacer. Pida sinceramente ayuda, guía e inspiración para encontrar la solución o alternativa que necesita. Escriba su petición en un papel y hágala mentalmente.
5. Tome las seis monedas en las palmas de sus manos y muévalas nueve veces.
6. Coloque las monedas una sobre la otra, en forma de columna, en una de las manos, y comience a colocarlas sobre una mesa, empezando por la que se encuentra abajo. Colóquelas en línea, hacia el frente, para crear un hexagrama. Note en qué posición cae la moneda que es diferente de las otras.
7. Determine el hexagrama leyendo los valores de Yin y Yang, de acuerdo con la cara de cada moneda (asignándole a una de las caras valor Yin y a la otra cara valor Yang). Si se usan monedas chinas, la cara con cuatro símbolos representa el Yang, y la cara con dos símbolos, el Yin.
8. Lea en el I Ching la línea y el comentario correspondiente.
9. Si desea otra guía o consejo adicional acerca de las consecuencias que pudiera tener su acción, use la posición de la moneda diferente para crear otro hexagrama, y lea en el libro el comentario correspondiente.

Fortificando el Chi personal

Este método trascendental aleja influencias negativas y mala suerte y fortifica la fuerza creadora o Chi.

Es necesario disponer de un sobrecito de cinabrio, un poco de licor de 45 grados y un cuentagotas.

1. Los hombres depositarán el cinabrio en la palma de su mano izquierda, manteniéndolo mientras hacen el mudra de la liberación, las mujeres harán el mudra y sostendrán el cinabrio en su mano derecha.
2. Usando el cuentagotas, dejar caer sobre el cinabrio un número de gotas de licor igual a la edad de la persona más 1. Con cada gota, pronunciar el mantra Om, Ma Ni, Pad, Me, Hum.
3. Mojar el dedo medio de la mano libre en la mezcla y marcar el pie izquierdo, pronunciando "OM", visualizando el color blanco, infinito y puro de la energía Ch'i, fluyendo desde el pie izquierdo hacia arriba del cuerpo, abriendo el canal de nuestra facultad imaginativa y creativa. Mojar de nuevo el dedo medio y marcar el pie derecho, pronunciando "MA," visualizando ahora la energía Ch'i de color rojo en su fluir hacia arriba del cuerpo, infundiéndolo con el poder de la voluntad divina.
4. Mojar el dedo medio de la mano libre en la mezcla y marcar la mano izquierda, pronunciando "NI," visualizando el color amarillo de la energía Ch'i, que inunda el cuerpo con su luz y fortalece los ritmos, la armonía y la salud física y mental.
5. Mojar el dedo medio de la mano libre en la mezcla y marcar la mano derecha, pronunciando "PAD," visualizando el color verde, sintiendo el poder vitalizante del reflejo de la luz del Ch'i, que través del tiempo nos conecta al pasado y al futuro, expandiendo nuestra consciencia y preparándola para un nuevo conocimiento.
6. Mojar el dedo medio de la mano libre en la mezcla y llevarlo al centro del pecho, hacia el área del corazón, pronunciando "ME," visualizando el color azul de la energía Ch'i, que irradia de las profundidades de nuestro ser, inundándolo con un nuevo conocimiento procedente del espíritu, de la esencia divina depositada en el corazón.
7. Terminar el ejercicio llevando el dedo medio al centro de la frente pronunciando "HUM" visualizando el color negro que representa las profundidades de nuestro ser. Visualicemos cómo la energía, irradiando a través de la frente va abriendo una puerta que nos conduce hacia el universo interior.

Nota: Lavarse las manos cuidadosamente después de este ejercicio.

Método trascendental para operaciones

Las plantas pueden ser usadas en el método trascendental para asegurar una operación exitosa y una recuperación rápida. Después de pedir permiso al paciente, colocar nueve plantas pequeñas, en línea, entre la cama y la puerta de entrada a la habitación que ocupa. Reforzar con los Tres Secretos, visualizando una operación exitosa, sin complicaciones y con una recuperación rápida. Las nueve plantas pequeñas pueden colocarse luego en la ventana para evitar tropezar con ellas.

Método trascendental para la salud

Este método trascendental es conocido como "Yu Nei" y es una cura importante del Budismo Tántrico Tibetano.

Conecte cada esquina del cuarto con el punto medio de la pared opuesta. Conecte cada esquina con la esquina opuesta. Al trazar todas las líneas se forma un polígono en el área central (ver esquema de la página 119). Coloque una planta viva o un móvil de sonido en dicha área central. Refuerce con los Tres Secretos.

Método trascendental para los dolores de espalda

Coloque nueve piezas de tiza en un plato que contenga un poco de arroz sin cocinar. Coloque el plato debajo de la cama, directamente en línea con el área dolorida de la espalda. Refuerce con los Tres Secretos.

Método trascendental para enfermedades del corazón

Este método trascendental puede usarse para enfermedades del corazón, como complemento de cualquier tipo de tratamiento médico.

Coloque nueve cubitos de hielo en un plato de color blanco. Agregue una cucharadita de cristales de alcanfor. Coloque el plato debajo de la cama, en línea con el área donde descansa el corazón. Refuerce con los Tres Secretos.

Método trascendental de los cuatro cordeles

Este método trascendental se utiliza cuando los problemas de la vida son tantos que parecen imposibles de resolver.

En cada esquina de la habitación, colgar cordeles de color rojo, del techo al piso. Cada uno de estos cordeles simboliza una de las cuatro columnas legendarias que aguantaban el peso del mundo. Estos cordeles también simbolizan una especie de canal o línea de comunicación que une a la consciencia universal, fuente de todo conocimiento y sabiduría, con la tierra, invocando los poderes del universo para que iluminen la mente e intercedan en la tierra para eliminar todos nuestros problemas y dificultades. En el centro de cada cordel, amarrar un cordel pequeño, de 25 cm. de longitud. Estos cordeles menores representan al ser humano. Refuerce este ejercicio con los Tres Secretos.

Para solucionar asuntos legales

Para resolver situaciones legales y evitar litigios, durante las horas favorables del día, de acuerdo con la astrología china, mezclar en un plato con agua una cucharadita de cristales de alcanfor con nueve cubitos de hielo. Limpiar la tapa de la cocina con esta mezcla de alcanfor y hielo, durante 15 minutos. Reforzar con los Tres Secretos. Repetir diariamente durante 9 días.

Siempre que se comparta cualquier información trascendental se debe honrar la tradición del sobre rojo.

佛
風水—生活的和諧
有緣讀者祈福增慧
李祥林

IV

FILOSOFIAS RELACIONADAS CON EL FENG SHUI

陰陽

念萱書室主人林雲題

Es conveniente que el estudiante del Feng Shui se familiarice con las siguientes teorías y filosofías:

1. El Yin y el Yang
2. El Tao
3. El Ch'i
4. El I Ching y los Trigramas
5. La Teoría de los Cinco Elementos
6. La Teoría de las Tres Escuelas de los Colores
7. El Ba-Gua (Las líneas y símbolos de armonía)
8. Los métodos de la Tradición
9. Los métodos Trascendentales

Yin y Yang

Toda manifestación en el universo está acompañada del principio de polaridad. Toda energía y forma material incluye siempre la presencia de polaridades de carácter positivo y de carácter negativo. La energía eléctrica consiste de cargas positivas y negativas. El átomo consiste de un núcleo positivo y electrones de carga negativa. Estas polaridades aparentemente opuestas, se complementan. La célula viviente es otro ejemplo, consiste de un núcleo que mantiene y guarda las memorias de su propia estructura y sistema (Yang), cubierto por una envoltura que resguarda y recibe la luz de su centro (Yin). El sistema solar expresa el mismo principio en escala mucho mayor, el Sol desde su centro vibrante y resplandeciente irradia luz (Yang) mientras los planetas (Yin) reciben esa energía y calor.

El Yin es oscuro. El Yang es luminoso. El Yin es femenino. El Yang es masculino. El Yin es el vacío. El Yang es lo lleno. La Tierra es Yin, el Sol es Yang. Las montañas y los valles (expresando el atributo de pasividad) son Yin, los ríos y los lagos (expresando el atributo de movimiento) son Yang. En las montañas y en los valles viven los seres humanos (Yang) que construyen sus viviendas (Yin), donde viven los hombres (Yang) y las mujeres (Yin). El Yin y el Yang crean la unidad del Tao.

El Yang emana desde el universo externo y su luz, de polaridad positiva y divina irradia desde lo infinito, desde las galaxias, desde las estrellas y desde el Sol.

El Yin emana desde el universo interior y su esencia de polaridad negativa y espiritual irradia desde lo infinitesimal, desde los centros rítmicos de la vida, de las semillas, los planetas y la Tierra.

El Yin y el Yang se corresponden con las cuatro estaciones del año. La primavera corresponde al Este y es Yang y Yin; el Verano corresponde al Sur y es Yang; el Otoño corresponde al Oeste y es Yin y Yang; el Invierno corresponde al Norte y es Yin.

ALGUNOS ATRIBUTOS DEL YIN Y DEL YANG		
YIN		YANG
CERO		UNO
NADA		TODO
LUNA		SOL
CURVO		ANGULAR
NEGATIVO		POSITIVO
PASIVO		ACTIVO
NEGRO		BLANCO
INFINITESIMAL		INFINITO
TIERRA		CIELO
BAJO		ALTO
BLANDO		DURO
SUBJETIVO		OBJETIVO
INCONSCIENTE		CONSCIENTE
ESPIRITUAL		MATERIAL
ELECTRON		PROTON
AGUA		VIENTO
CASA		FAMILIA
MUJER		HOMBRE
MADRE		PADRE
NORTE		SUR
MONTAÑA		AGUA

El Tao

El origen de esta filosofía se pierde en los inicios de la civilización China y tiene que ver con su dependencia de la naturaleza. El Tao es la fuente de toda existencia. Es la unidad nunca visible y desde donde todo fluye, expandiéndose en vibraciones para manifestar los mundos y la naturaleza. Los aspectos opuestos del Yin y el Yang al complementarse producen la unidad del Tao.

La observación de la naturaleza, sus formas, sustancias, colores y ciclos revelaron los principios de su manifestación y su relación con el hombre como elemento integral de la evolución de la vida en nuestro planeta.

La tierra es un reflejo del universo. Sus leyes eternas y armoniosas, se proyectan en los distintos niveles de existencia de acuerdo con principios universales.

Uno de tales Principios Universales es el Principio de la Dualidad o Polaridad.

Lo lógico = "ru-shr" = es lo externo, es Yang
Lo ilógico = "chu-shr" = es lo trascendental, es Yin

La fuerza creadora universal - El Ch'i

El Ch'i es la fuerza creadora universal, esencia de la manifestación de la vida. Circula desde el centro de la Tierra, se proyecta desde el Sol, centro de nuestro sistema estelar y desde el Universo. Es la fuerza que manifiesta las montañas sobre la faz de la Tierra, dirige los ríos, mantiene los océanos y el ritmo de todo cuanto existe en la naturaleza. Es fuente y guía de la evolución de los reinos mineral, vegetal, animal y humano. El hombre es un canal por el que circula esta fuerza y además posee la facultad de ser consciente de ella

El Ch'i fluye a través de los meridianos de acupuntura en el cuerpo humano; en los campos se expresa por medio de cosechas fértiles, frutos, plantas, flores, bosques y praderas; en la atmósfera y en los océanos gobierna los cambios climáticos y energéticos, percibidos a través de corrientes atmosféricas y marítimas. Entre las varias formas del Ch'i debemos mencionar el "Sheng Ch'i" y el "Ssu Ch'i." El Sheng Ch'i es activo, positivo y energético. Su fuerza y potencia se manifiestan cada día como Yang durante las horas del sol levante, esto es, de medianoche al mediodía. El Ssu Ch'i es pasivo, negativo y recuperador. Su efecto se manifiesta cada día como Yin, durante las horas del sol poniente, es decir, del mediodía a la medianoche.

El Ch'i es también conocido con otros nombres como: prana, nous, aliento de vida (ruach), fuerza vital, etc. Existen infinitos niveles de Ch'i, tanto en la tierra como en el universo.

Los trigramas

Los trigramas son una expresión simbólica de las combinaciones básicas del Yin y el Yang. Son combinaciones de dos valores, en tres unidades. Son manifestaciones del principio universal de la dualidad, expresado por los valores negativos y positivos Yin y Yang en un espacio de tres dimensiones.

El número máximo de combinaciones de dos valores en grupos de tres es el equivalente al número 2 elevado a la tercera potencia, es decir, 8 (2x2x2).

La tradición china describe la forma en que la mente de un gran filósofo, conocido con el nombre de Fu Hsi, concibió la idea de los trigramas. Mientras meditaba a la orilla de un lago, alrededor del año 3000 a.C., observó el caparazón de una tortuga que salía lentamente del agua. Fu Hsi notó que la superficie del caparazón mostraba dos tipos de líneas, unas quebradas y otras sólidas. La visión de estos símbolos iluminó su mente, aclarándole ciertas preguntas que él y otros buscadores de la verdad se hacían por aquel entonces, preguntas relacionadas con el principio de la dualidad, el pasar del día y la noche, la existencia del hombre y la mujer, el Yang y el Yin. En aquel momento Fu Hsi le asigno el valor de Yang a la línea sólida y el valor de Yin a la línea quebrada.

El desarrollo de la teoría del Yin y el Yang en tres dimensiones se resume en la combinación máxima de 8 símbolos. Estos símbolos tienen correspondencias con diversas manifestaciones de la naturaleza, como las direcciones cardinales, los elementos chinos, los colores, los planetas y las actividades de la vida del ser humano.

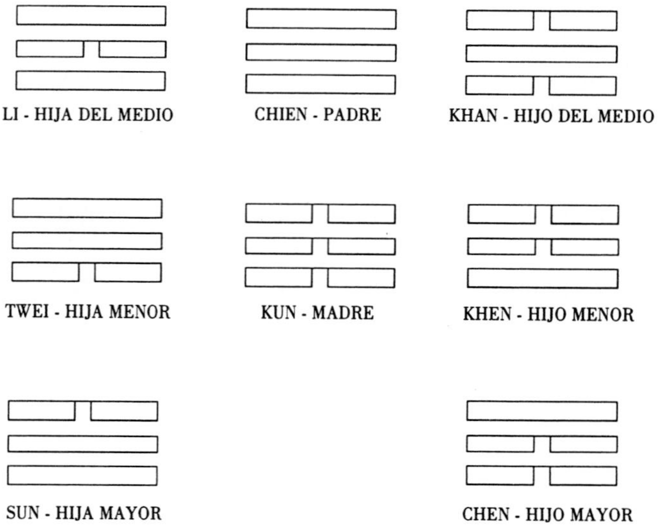

LI - HIJA DEL MEDIO

CHIEN - PADRE

KHAN - HIJO DEL MEDIO

TWEI - HIJA MENOR

KUN - MADRE

KHEN - HIJO MENOR

SUN - HIJA MAYOR

CHEN - HIJO MAYOR

RELACION FAMILIAR DE LOS OCHO TRIGRAMAS

Creación del Ba-Gua del primer cielo

Fu Hsi elaboró los símbolos de los trigramas y los relacionó con un polígono de ocho lados, u octágono, que es conocido como el Ba-Gua del Cielo Antiguo, o "Ba-Gua de Fu Hsi." Ba-Gua significa "ocho líneas o símbolos".

En el Ba-Gua los trigramas están ordenados con respecto al centro, esto es, como si el observador -nosotros- estuviera ubicado en el centro del octágono.

La líneas de armonía del Ba-Gua tienen su origen en el principio universal de la dualidad, Yin y Yang. El Yin y el Yang, combinándose entre sí se manifestaron en trigramas y hexagramas. Los trigramas usados en el Ba-Gua evolucionaron del siguiente modo:

Del principio Universal de la Dualidad:

Yang	Yin
———	— —

Nacieron las combinaciones binarias que manifestaron los Cuatro Pares Primarios.

<table>
<tr><td>Yang Yang
——— ———</td><td>Yin Yin
— — — —</td></tr>
<tr><td>——— — —
Yang Yin</td><td>— — ———
Yin Yang</td></tr>
</table>

De los Cuatro Pares Primarios nacieron los Ocho Trigramas, combinando los dos valores primarios Yin y Yang, en grupos de tres, en correspondencia con las tres dimensiones de nuestro universo físico.

———	———	———	———	— —	— —	— —	— —
— —	———	— —	———	— —	———	— —	———
— —	— —	———	———	— —	— —	———	———
Chen	Dwei	Li	Ch'ien	Kun	Kan	Ken	Sun

Estos símbolos fueron ubicados por Fu Hsi en lo que se conoce como el Ba-Gua de Fu Hsi o Ba-Gua del primer cielo, asignándoseles ciertas correspondencias:

———	— —	— —	— —	— —	———	———	———
———	———	———	— —	— —	— —	— —	———
———	———	— —	———	— —	— —	———	— —
Ch'ien	Sun	Khan	Ken	Kun	Chen	Li	Dwei
Padre	Hija 1	Hijo 2	Hijo 3	Madre	Hijo 1	Hija 2	Hija 3
N	NO	O	SO	S	SE	E	NE
Yang	Yin	Yang	Yang	Yin	Yang	Yin	Yin

El Ba-Gua del primer cielo representa al universo antes de la manifestación de las formas del mundo presente.

El Ba-Gua de Fu Hsi es el que se encuentra usualmente en las tiendas y establecimientos chinos. El poder de este Ba-Gua procede de la armonía de sus símbolos. Si contamos el numero de líneas notaremos que la suma total de dos símbolos opuestos, es siempre 9. El numero 9 es un numero sagrado en la filosofía china. Representa la combinación perfecta, en este caso manifestada también por los ocho lados del Ba-Gua más su centro.

La colocación del Ba-Gua de Fu Shi sobre la puerta de entrada, mirando hacia afuera, ayuda a equilibrar y armonizar las energías de la casa o lugar de trabajo. También protege contra los pensamientos y situaciones adversas en la vida de las personas que viven en el edificio. En estos casos se acostumbra ubicar al trigrama "Ch'ien," es decir, al padre (3 líneas), en la parte superior. El trigrama "Kun," la madre (6 líneas) se encuentra en la parte inferior, opuesto al trigrama "Ch'ien." Si fuera necesario proteger también la puerta trasera de la casa o lugar de trabajo podríamos colocar dos Ba-Guas. uno exterior, con el trigrama Ch'ien, el padre, en la parte superior y otro interior, por el otro lado de la pared, a la misma altura aproximada que el exterior. El Ba-Gua interior debe situarse con el trigrama "Kun," la madre, en la parte superior y "Ch'ien," el padre, abajo. El padre -Ch'ien- protege y armoniza las energías que se proyectan desde afuera, la madre -Kun- es la que nutre y transforma armoniosamente las energías dentro de la casa.

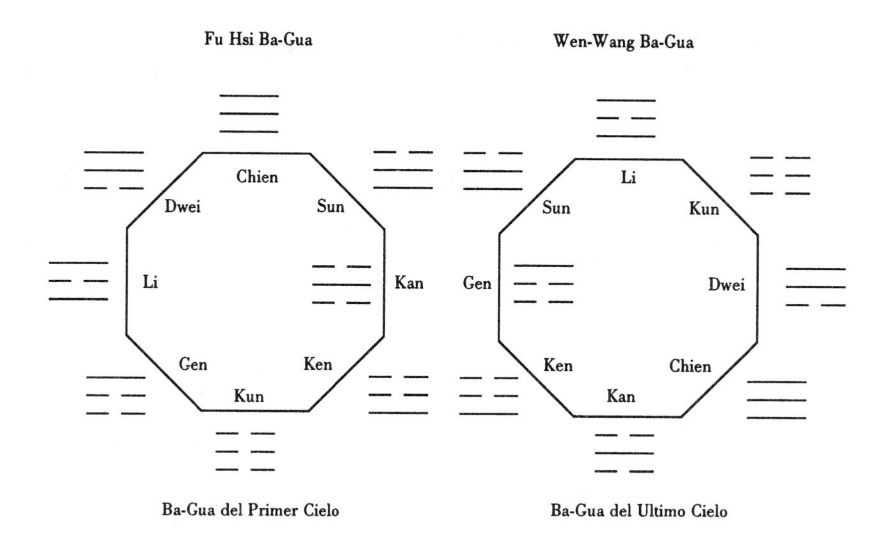

Ba-Gua del Primer Cielo

Ba-Gua del Ultimo Cielo

Creación del Ba-Gua del último cielo

Muchos años después, otro filosofo chino, Wen Wang, el fundador de la Dinastía Chou, 1231-1135 a.C., varió la posición de los símbolos en el octágono, a fin de reflejar la manifestación de la fuerza creadora en armonía con la naturaleza. A este Ba-Gua se le conoce con el nombre del Ba-Gua del último cielo.

Los trigramas se suceden en él de la siguiente manera:

Ba-Gua de Wen Wang (Ba-Gua del último cielo)							
—— — — ——	— — — — — —	—— —— — —	—— —— ——	— — —— — —	— — — — ——	—— — — — —	— — —— ——
Li Hija 2 N Fuego Rojo Yin	Kun Madre NO Tierra Rosado Yin	Dwei Hija 3 O Metal Blanco Yin	Ch'ien Padre SO Metal Gris Yang	Khan Hijo 2 S Agua Negro Yang	Ken Hijo 3 SE Tierra Azul Yang	Chen Hijo 1 E Madera Verde Yang	Sun Hija 1 NE Madera Violeta Yin

En la Escuela del Sombrero Negro, el Ba-Gua del último cielo se usa para métodos trascendentales, de manera similar al Ba-Gua de Fu Hsi.

Correspondencia de los trigamas en el Ba-Gua del último cielo

De acuerdo con el Ba-Gua del último cielo, o Ba-Gua de Wen Wang los trigramas tienen el siguiente simbolismo:

LI — Representa Fama, color rojo, elemento fuego, dirección Sur y otras correspondencias tales como: pájaro del Sur, sol, espadas y lanzas, guerreros, tortuga, cangrejo, relámpagos y el ojo en el cuerpo humano.
Hora: del mediodía a las 3 de la tarde.

KUN — Representa Matrimonio, color rosado (rojo y blanco), dirección Suroeste y otros significados tales como: madre, naturaleza, figuras, compasión, ropa y el plexo solar en el cuerpo humano.
Hora: de 3 a 6 de la tarde.

TUI — Representa Hijos, color blanco, elemento metal, dirección Oeste y otros significados tales como: hijo mayor, vapores, nubes, espíritu y la boca en el cuerpo humano.
Hora: de 6 a 9 de la tarde.

CH'IEN — Representa Benefactores, color gris (blanco y negro], dirección noroeste y otros significados tales como: padre, firmamento, universo y la cabeza en el cuerpo humano.
Hora: de las 9 a la medianoche.

KAN — Representa Profesión, color negro, elemento agua, dirección Norte, y otros significados tales como: espíritus elevados, cosas ocultas, ríos, lagos, océanos y los oídos en el cuerpo humano.
Hora: medianoche a 3 de la mañana

KEN — Representa Nuevo Conocimiento, color azul, dirección Sur-Este y otros significados tales como montañas, rocas, cultivo personal y las manos en el cuerpo humano.
Hora: de 3 a 6 de la mañana

CHEN Representa la Familia, color verde, elemento madera, dirección Este y otros significados tales como: relámpago, el hijo mayor, caminos elevados, evolución y los pies en el cuerpo humano. Hora: 6 de la mañana a 9 de la mañana.

SUN Representa las Finanzas, color violeta, dirección noreste y otros significados tales como: viento, alturas, hija mayor y las caderas en el cuerpo humano. Hora: de las 9 de la mañana al mediodía.

Para determinar la polaridad "Yin" o "Yang" de un trigrama, simplemente se cuenta el numero de líneas, incluyendo a cada una de las líneas quebradas. Si el total es un numero par, el trigrama es "Yin." Si el total de líneas es un número impar, el trigrama es "Yang".

Ejemplos:

El trigrama "Ch'ien," Benefactores, tiene 3 líneas, es impar, es "Yang".
El trigrama "Khan," Carrera y Profesión, tiene 6 líneas, es par, es "Yin".

El I Ching

El I-Ching es un sistema filosófico que estudia el proceso de los cambios que acontecen en la vida del ser humano, en las circunstancias que lo rodean y en el Universo. El I-Ching utiliza el sistema de los trigramas, símbolos de líneas que representan a las actividades de la vida. El Yin es representado por líneas cortadas. El Yang por líneas sólidas.

De los trigramas se derivaron los hexagramas, que son combinaciones de dos trigramas, esto es, de los dos valores Yin y Yang, en grupos de 6. El total de hexagramas usados en el I-Ching es equivalente al numero 2 elevado a la sexta potencia, esto es, 64 símbolos (2x2x2x2x2x2).

Los estudiantes del Feng Shui no necesitan profundizar en las teorías del I-Ching. Simplemente deben familiarizarse con los trigramas.

Los cinco elementos chinos

La energía creadora o Ch'i fluye a través de toda la manifestación y ese fluir del Ch'i puede ser ajustado para beneficio de los creadores de ambientes. Las formas materiales manifestadas por la energía creadora fueron catalogadas por los antiguos chinos en cinco elementos, que son los siguientes:

1. Madera
2. Fuego
3. Tierra
4. Metal
5. Agua

Cada uno de los cinco elementos chinos corresponde con un color, una dirección, una actividad del ser humano y otros. Los elementos están relacionados también con la astrología china y con el I-Ching.

Quienes utilizan el arte del Feng Shui son creadores de ambientes. Este arte contribuye a expandir la consciencia estableciendo una comunicación sutil con los elementos del lugar. Uno escucha el eco silencioso del ambiente, que guarda las emanaciones de nuestra historia, nuestros recuerdos y nuestra misma vida. Al integrarnos con la naturaleza íntima de nuestro hogar comenzaremos a variar la ubicación de objetos, a agregar colores y cambiar formas, inspirados por nuestra intuición.

Al mover los objetos comenzamos a jugar con los elementos del espacio, reforzando aspectos de nuestras vidas. Al armonizar los elementos, formas y colores, el espíritu del lugar se complace y nuestra vida cambia.

El aspecto más importante de la Teoría de los Cinco Elementos Chinos es el conocimiento de los Ciclos Constructivos y los Ciclos Destructivos de los Elementos.

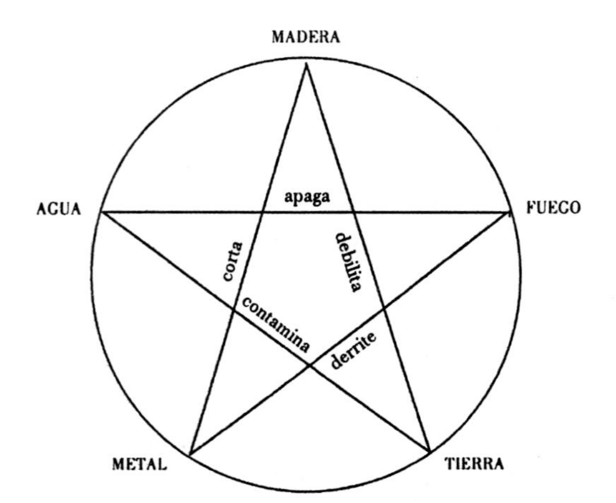

Ciclos de los cinco elementos

El ciclo constructivo de los cinco elementos

El orden o secuencia de los cinco elementos chinos determina el grado de armonía presente en el ambiente. El Ciclo Constructivo de los Cinco Elementos está basado en la observación de la naturaleza y explica la secuencia de carácter generativo como sigue:

1. Madera	La madera sirve de alimento al
2. Fuego	Que al generar cenizas produce
3. Tierra	Que con el tiempo crea al
4. Metal	Que al enfriarse genera
5. Agua	Que alimenta a..... La Madera

y así, en secuencia armoniosa un elemento va generando al siguiente.

El ciclo destructivo de los cinco elementos chinos

Al saltarse la secuencia armoniosa de los cinco elementos, descrita anteriormente, se produce un desequilibrio o desarmonía:

1. Madera	Al saltar el fuego, le quita los nutrientes a la
2. Tierra	Al saltar el metal, contamina al
3. Agua	Al saltar la madera, apaga el
4. Fuego	Al saltar la tierra, derrite el
5. Metal	Al saltar el agua, corta a la madera.

De este modo, cada elemento al saltarse la secuencia constructiva va destruyendo al siguiente.

La madera se alimenta del agua, que destruye al fuego
El fuego se alimenta de la madera, que destruye la tierra
La tierra nace del fuego, que destruye el metal
El metal nace de la tierra, que contamina el agua.
El agua nace del metal, que destruye la madera

Según Fu Hsi, los cinco elementos expresan la esencia sutil de la fuerza creadora universal o Ch'i. Su naturaleza, sin embargo, es representada de un modo aproximado por estos cinco objetos, o elementos. Los cinco elementos representan a la fuerza creadora que actúa en la naturaleza y en el universo. Del funcionamiento de esta fuerza se derivan los cinco colores, los cinco sentidos, los cinco dedos, las cinco vísceras y los cinco planetas mágicos entre otros.

Ciclo reductivo de los elementos

Este ciclo se produce al observar el anterior en sentido inverso.

El fuego quema a la madera
La madera absorbe el agua.
El agua corroe o debilita al metal.
El metal agota a la tierra.
La tierra apaga el fuego.

La observación de estas cualidades es importante a la hora de armonizar un ambiente, pues nos ayudará a reducir la fuerza de los elementos agresivos.

Relación entre los elementos

Cuando relacionamos y aplicamos las tres secuencias: constructiva, destructiva y reductora, encontramos relaciones muy interesantes que pueden ser de gran utilidad al crear un ambiente.

Los elementos se relacionan entre ellos. El agua sobre el metal produce una relación ideal, puesto que el metal manifiesta el agua. El agua sobre la madera, color negro sobre verde, produce un efecto débil. La madera sobre el agua, color verde sobre el negro, produce un efecto positivo.

RELACION ENTRE LOS ELEMENTOS					
SITIO	ELEMENTO AMBIENTAL				
HABITAT	MADERA	FUEGO	TIERRA	METAL	AGUA
MADERA	Estable	Débil	Infeliz	Conflicto	Ideal
FUEGO	Ideal	Estable	Débil	Infeliz	Conflicto
TIERRA	Conflicto	Ideal	Estable	Débil	Infeliz
METAL	Infeliz	Conflicto	Ideal	Estable	Débil
AGUA	Débil	Infeliz	Conflicto	Ideal	Estable

Cada uno de los cinco elementos chinos corresponde con una gran variedad de manifestaciones, incluyendo formas, colores y tipos de personalidad:

MADERA. La madera corresponde, entre otros, con los muebles y accesorios de madera, las plantas, las flores, los árboles, las plantas y flores artificiales o secas, las pinturas y fotografías de arboledas, las áreas verdes, todo tipo de telas, el papel de pared, las formas cilíndricas, las columnas, los postes, los colores verdes y azules.

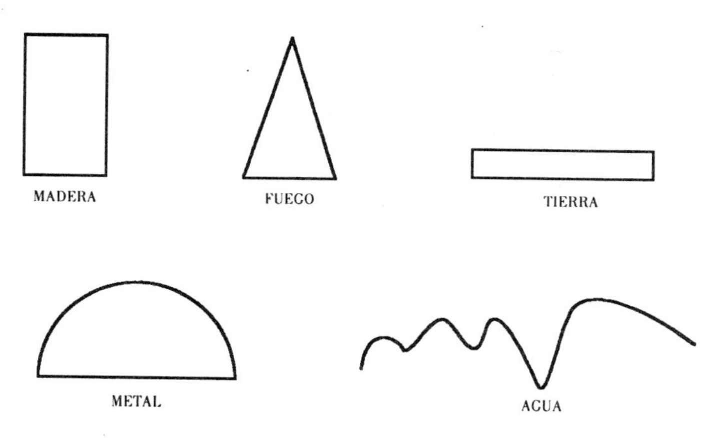

Formas de los cinco elementos

FUEGO. El fuego se corresponde, entre otros, con los animales domésticos, los productos derivados de los animales como plumas, huesos, pieles o lana, los cuadros y fotografías de personas y animales, las formas cónicas o piramidales y el color rojo.

TIERRA. La tierra se corresponde, entre otros, con los objetos de yeso, barro o cerámica, las lozas, los ladrillos, las obras de arte, las fotografías de desiertos, montañas o valles, las formas cuadradas o rectangulares, las planicies, las superficies horizontales los colores ocre y amarillo.

METAL. El metal se corresponde, entre otros, con las piedras minerales, los metales de todo tipo incluyendo el hierro, el cobre, el bronce, la plata y el oro, las obras de arte hechas de metal, las formas ovaladas, los arcos y el color blanco.

AGUA. El agua se corresponde, entre otros, con los lagos, los ríos, el mar, las fuentes, las cascadas de agua, los espejos, los cristales, los objetos de arte vinculados con el mar, los cuadros y fotografías de motivos acuáticos, las formas asimétricas y ondulatorias, los colores gris, azul oscuro y negro.

Las correspondencias entre las vísceras del cuerpo y los elementos son las siguientes:

VISCERA	ELEMENTO	COLOR
Corazón	Fuego	Rojo
Estómago	Tierra	Amarillo
Pulmones	Metal	Blanco
Hígado	Madera	Verde
Riñones	Agua	Negro

La teoría de las tres escuelas de los colores

En el Feng Shui enseñado por el Maestro Lin Yun y la Escuela del Sombrero Negro, la utilización armónica de los colores se realiza de acuerdo con las teorías de las Tres Escuelas de los Colores, que son las siguientes:

1. La Teoría de los Colores de los Cinco Elementos
2. La Teoría de los Colores del Arco Iris
3. La Teoría de los Colores de las Seis Palabras Verdaderas

La Teoría de los Colores de los Cinco Elementos Chinos trata del uso de los colores en el ambiente. Es su aspecto externo o Yang.

La Teoría de la Escuela de los Siete Colores del Arco Iris abarca el conocimiento del uso de los colores en el cuerpo psíquico. Se trata de su aspecto interno o Yin.

La Teoría de los Colores de las Seis Palabras Verdaderas corresponde al conocimiento del efecto de los colores sobre el espíritu. Es su aspecto integral o Tao.

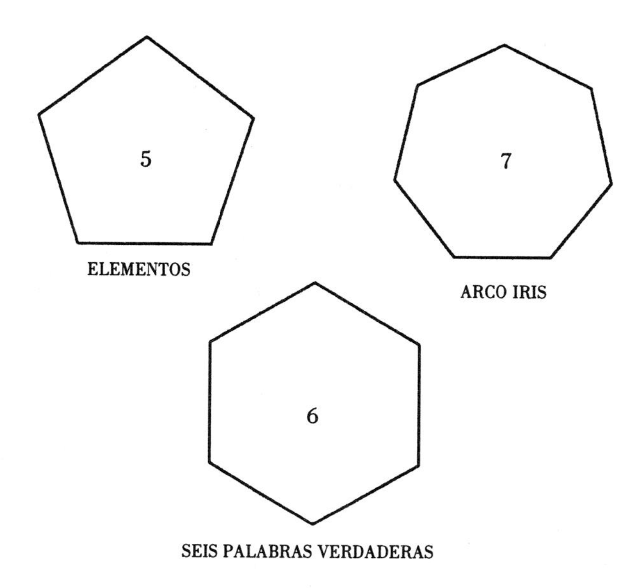

Las tres escuelas de colores

1. Los colores y los Cinco Elementos

La filosofía de los Cinco Elementos se basa en el uso armónico, constructivo y vitalizante de los elementos, para de este modo canalizar la energía Ch'i con más fuerza y armonía. De acuerdo con los principios del Feng Shui enseñados por el Budismo Tántrico, los elementos deben ser seleccionados para que manifiesten la belleza, la armonía natural y la fuerza creadora del Ch'i. El desconocimiento de estos principios podría crear espacios donde la energía Ch'i se estanque, debilitándose su fuerza, lo cual manifestaría efectos negativos e inarmónicos.

Ya dijimos que los Cinco Elementos son: Agua, Madera, Fuego, Tierra y Metal. Cada uno de ellos puede ser representado por un color. Los elementos se manifiestan en la naturaleza armoniosamente, emanando uno del otro, en círculos, o espirales de luz vibrante. Por el Agua nace y crece la Madera. La Madera manifiesta y alimenta al Fuego. El Fuego transmuta los elementos en cenizas para manifestar Tierra. De la Tierra nace el Metal. El Metal da lugar al nacimiento del Agua y el Agua nutre a la Madera, y así sucesivamente.

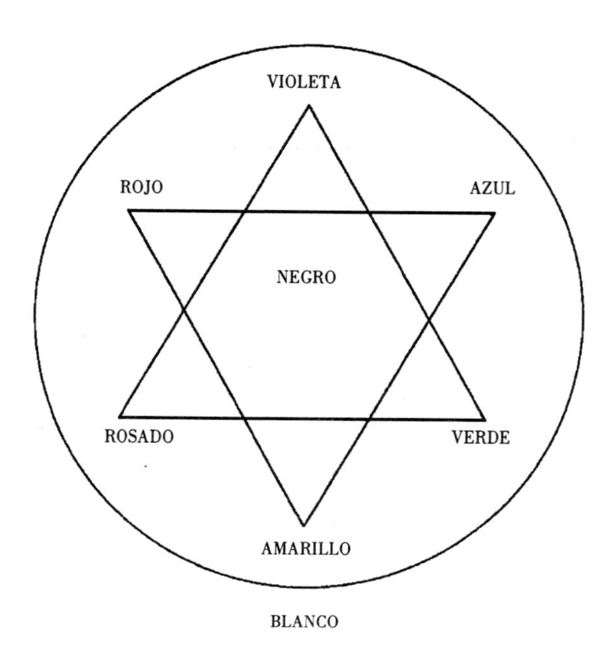

Estrella de colores

Los cinco elementos tienen efectos relativos constructivos y destructivos, como se indicó anteriormente. El Ciclo Destructivo de los Cinco Elementos es: La Madera erosiona a la Tierra, la Tierra contamina al Agua, el Agua extingue el Fuego, el Fuego derrite el Metal, el Metal corta a la Madera.

Los colores asociados con los cinco elementos son los siguientes: Agua (negro), Madera (verde), Fuego (rojo), Tierra (amarillo-naranja) y Metal (blanco). Cada uno de los elementos está asociado con una actividad de nuestras vidas. Cada una de estas actividades es honrada en un círculo, o área del espacio de nuestras viviendas y lugares de trabajo.

El uso de colores tiene una gran importancia en el Feng Shui. La filosofía de los colores y su aplicación ha sido perfectamente descrita en el libro *Living Colors*, por el Maestro Thomas Lin Yun y Sarah Rossbach. Al honrar la presencia de colores en la decoración Feng Shui, equilibramos y armonizamos la fuerza del Ch'i, que se manifiesta a través de los cinco elementos.

ELEMENTO	COLOR	DIRECCION	CUALIDADES
MADERA	VERDE	ESTE	VITALIDAD, INICIACION, BENEVOLENCIA
FUEGO	ROJO	SUR	VOLUNTAD, REALIZACION, CORTESIA
TIERRA	AMARILLO	CENTRO	EQUILIBRIO, INTUICION, COMPASION
METAL	BLANCO	OESTE	IMAGINACION, CREATIVIDAD, PUREZA
AGUA	NEGRO	NORTE	MEDITACION, JUSTICIA, POTENCIALIDAD

Cada una de las cualidades o actividades corresponde también, de acuerdo con el Ba-Gua, a un área del ambiente contenido dentro del hogar o centro de trabajo. Usando la relación o secuencia constructiva de los elementos contribuimos a crear un ambiente más armónico y positivo. El uso de los colores en el área correspondiente refuerza la actividad relacionada con ese área.

Un ejemplo del uso de los colores tiene lugar cada mañana. Al vestirnos decidimos el tipo de ropa y su color de acuerdo con la ocasión y las actividades que vayamos a desarrollar durante el día. Muchas veces el color se elige por motivos de carácter subjetivo. Generalmente en dicha selección influyen los siguientes factores:

1. Ocasión o actividad del día
2. Atracción subjetiva.
3. Situación o disponibilidad.
4. Decisión trascendente.

Se puede decorar una habitación, o toda la casa, con sus colores adecuados de acuerdo con el lugar que cada pieza ocupa en las líneas de armonía o actividades mundanas del Ba-Gua.

ACTIVIDAD	ELEMENTO	COLORES
FINANZAS	MADERA/FUEGO	VERDE, VIOLETA Y ROJO
FAMA	FUEGO	ROJO
MATRIMONIO	FUEGO/METAL	ROJO, ROSADO Y BLANCO
HIJOS	METAL	PASTELES Y BLANCO
BENEFACTORES	METAL/AGUA	BLANCO, GRIS Y NEGRO
PROFESION	AGUA	AZUL OSCURO Y NEGRO
CONOCIMIENTO	AGUA/MADERA	NEGRO, AZUL Y VERDE
SALUD	TIERRA	AMARILLO Y COLOR TIERRA

2. La escuela de los siete colores del arco iris

La Escuela de los Siete Colores del Arco Iris se basa en los centros energéticos del ser humano. Las escuelas místicas occidentales han establecido la siguiente correspondencia entre los centros psíquicos y los colores:

CENTRO	COLOR
PINEAL	VIOLETA
PITUITARIA	INDIGO
GARGANTA	AZUL
PECHO	VERDE
PLEXO	AMARILLO
ADRENALES	NARANJA
SACRAL	ROJO

El método trascendental del Feng Shui incluye meditaciones budistas y tibetanas destinadas a la elevación del Ch'i y su transmutación a través de los centros energéticos o chakras, si bien pueden ser sustituidas por otras más acordes con las creencias religiosas del practicante. Lo importante es establecer un contacto intimo con la divinidad, sin importar mucho el nombre que se le dé ni las palabras u oraciones utilizadas.

3. Los colores del mantra de las seis palabras verdaderas

El sagrado mantra de las Seis Palabras Verdaderas, se relaciona con los colores del modo siguiente:

Om – Blanco - Pies hasta las rodillas
Ma – Rojo - Rodillas hasta las caderas
Ni – Amarillo - Caderas hasta el plexo solar
Pad – Verde - Plexo solar hasta la garganta
Mi – Azul - Garganta hasta el tercer ojo
Hum – Negro - Tercer ojo hasta la Corona

El adecuado uso de los seis colores del mantra de las Seis Palabras

Verdaderas: “Om Ma Ni Pad Me Hum” iluminará la mente y el corazón del estudiante con la resplandeciente luz de la presencia divina.

Los colores derivados del poder vibratorio del mantra de las Seis Palabras Verdaderas irradian desde los chakras y se reflejan en el cuerpo físico. Este es un método totalmente trascendental.

La figura siguiente muestra la escala natural de los colores y su relación con cada sílaba del Mantra Om Ma Ni Pad Me Hum.

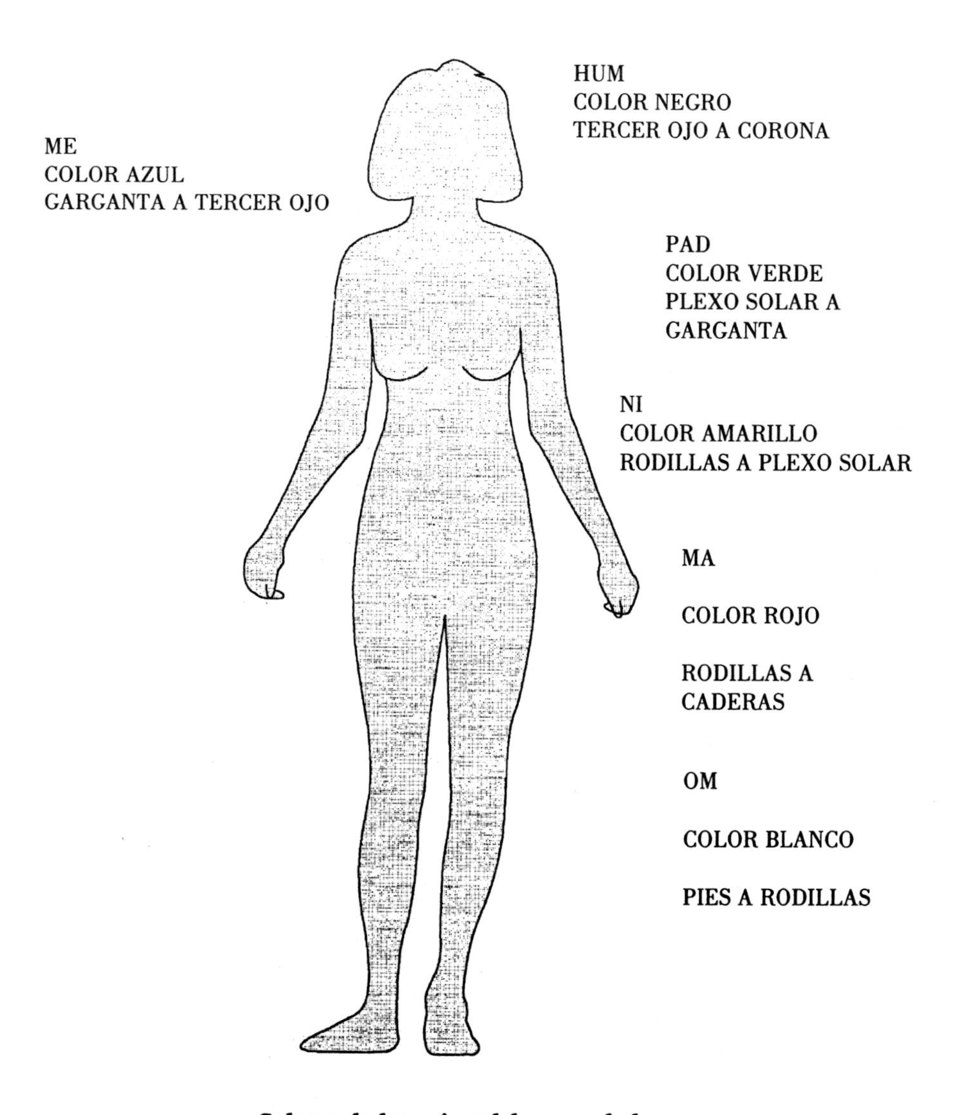

Colores de las seis palabras verdaderas

V

ASTROLOGIA CHINA

Al igual que ocurre con el I Ching, el estudiante de Feng Shui no necesita ser un experto en astrología china. Solamente es necesario conocer el valor de los trigramas del I Ching y los días y horas propicios para el Feng Shui.

La astrología china está basada en los movimientos de la Luna. El Zodiaco chino consiste de doce signos, simbolizados por figuras de animales. Cada signo se corresponde con un año y también con una hora del día. De este modo podemos saber la hora más propicia de cada día para cada persona, de acuerdo con el signo que regía en el año de su nacimiento.

La siguiente tabla muestra las horas, elementos y colores que corresponden a cada signo astrológico chino:

Mes	Símbolo	Hora	Elemento	Color	Año
1	Buey	1-3am	Agua	Negro	1901
2	Tigre	3-5am	Madera/Este	Azul	1902
3	Liebre	5-7am	Madera/Este	Verde	1903
4	Dragón	7- 9am	Madera/Este	Verde	1904
5	Serpiente	9-11am	Fuego/Sur	Violeta	1905
6	Caballo	11-1pm	Fuego/Sur	Rojo	1906
7	Cabra	1-3pm	Fuego/Sur	Rojo	1907
8	Mono	3-5pm	Metal/Oeste	Rosado	1908
9	Gallo	5- 7pm	Metal/Oeste	Blanco	1909
10	Perro	7-9pm	Metal/Oeste	Blanco	1910
11	Jabalí	9- 11pm	Agua/Norte	Gris	1911
12	Ratón	11-1am	Agua	Negro	1900

El año 1900 fue el año del ratón, signo número 12.

Además de las horas propicias según el signo, existen otras tres horas adicionales, afines a la persona, de acuerdo con su año de nacimiento, que son:

1. La hora correspondiente al signo paralelo. El signo paralelo es aquél cuyo número de orden complementa con el zodiacal la cantidad de 13. Si el signo zodiacal es el Buey (1) su complemento para sumar 13 es el numero 12 (Ratón).
2. Las dos horas correspondientes a los signos que estén en trino o trígono con el signo natal. Un trino son 120 grados. Cada signo de la astrología china, al igual que en la astrología convencional ocupa 30 grados. De este modo entre dos puntos que formen un trígono hay 4 signos. Para hallar cuales son los signos que forman trino o trígono con su año de nacimiento hay que sumar al número de éste 4 y 8. Si el signo es el numero 1 (Buey), los signos afines serán los números 5, Serpiente (1 + 4) y 9, Gallo (1 + 8).

Para determinar las horas propicias de un día hay que dividir los dos últimos dígitos del año de nacimiento entre 12. El remanente es el numero que identifica al signo en la tabla anterior.
(Sumar "4" a partir del año 2000. Ejemplo: 2000 = 00 + 4 = 4)

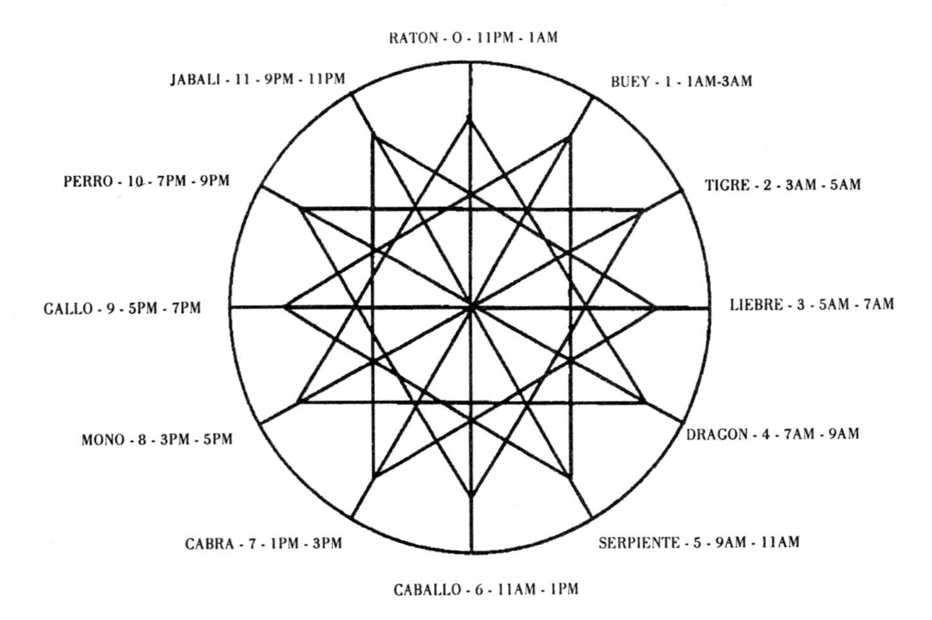

Astrología China

Ejemplo:

Año de Nacimiento = 1937

1. Dividir los dos últimos dígitos "37" por el numero 12.
2. 37 dividido entre 12 es igual a 3,3. 3,3 x 12 es igual a 36 y existe un remanente de 1

   Remanente = 37 - 36 = 1

3. El signo numero 1 es el Buey.
4. Su hora más propicia es de 1 de la mañana a 3 de la mañana.
5. Sus signos afines son

Por trinos:	el 5 (1+4) y el 9 (1+8), esto es, Serpiente (9am 11am) y Gallo (5pm - 7pm)
Por paralelo:	El 12 (13-1), Ratón (11pm - 1am)

Las horas propicias serán:	1am - 3am por nacimiento
	9am - 11am por trino
	5pm - 7pm por trino
	11pm - 1am por paralelo

Podemos también combinar las horas propicias de un día, con los días propicios del año. Los días propicios se calculan en base a la posición de la Luna. Los días más propicios son los de Luna Nueva y 14 días después de la Luna Nueva.

Descripción de los signos astrológicos chinos

0 RATON
(AÑOS: 1900, 1912, 1924, 1936, 1948, 1960, 1972, 1984, 1996)
Los nacidos durante el año del ratón son simpáticos, humoristas, honestos y meticulosos. Por lo general son buenos consejeros pero no pueden tomar decisiones para ellos mismos. A veces la avaricia y los deseos de poder los llevan al juego y a la dependencia de otros.
Hora: 11pm - 1am

1 BUEY U OSO
(AÑOS: 1901, 1913, 1925, 1937, 1949, 1961, 1973, 1985, 1997)
De gran resistencia, muy trabajadores y metódicos, se complacen en ayudar a otros. Colores: Negro, verde y verde oscuro.
Hora: 1am - 3am

2 TIGRE
(AÑOS: 1902, 1914, 1926, 1938, 1950, 1962, 1974, 1986, 1998)
Energéticos, con gran carisma, dirigentes excelentes, protectores. Generalmente no se adaptan a trabajar para otros. Color: Negro, verde y verde oscuro.
Hora: 3am - 5am

3 LIEBRE
(AÑOS: 1903, 1915, 1927, 1939, 1951, 1963, 1975, 1987, 1999)
Muy inteligentes, ágiles y ambiciosos pero se distraen fácilmente. Son calmados y atentos. Color: Verde o azul.
Hora: 5am - 7am

4 DRAGON
(AÑOS: 1904, 1916, 1928, 1940, 1952, 1964, 1976, 1988, 2000)
Robustos, de gran fortaleza, intuitivos, artísticos y con mucha suerte. Poseedores de facultades espirituales. Colores: Azul, verde, rosado, púrpura. Hora: 7am - 9am

5 SERPIENTE
(AÑOS: 1905, 1917, 1929, 1941, 1953, 1965, 1977, 1989, 2001)
También llamado "dragoncito." Se considera un año de buena suerte. Las serpientes son sabias, consideradas y calmadas. Las serpientes en términos generales son exitosas, pero si encuentran confrontación pueden convertirse en envidiosas y egoístas. Colores: Azul, verde, rosado, rojo y púrpura.
Hora: 9am - 11am

6 CABALLO
(AÑOS: 1906, 1918, 1930, 1942, 1954, 1966, 1978, 1990, 2002)
De carácter placentero y positivo. Diligentes, ágiles. El Caballo es de carácter fuerte y directo, a veces un poco rudo en su forma de conducirse. Colores: rojo y rosado.
Hora: 11am - 1pm

7 CABRA
(AÑOS: 1907, 1919, 1931, 1943, 1955, 1967, 1979, 1991, 2003)

Los nacidos en el año de la cabra son de naturaleza artística y negociante. De buenas maneras y desinteresados. Son propensos a tener problemas con la familia y de tendencia melancólica. Colores: Carmín, rojo y rosado.
Hora: 1pm - 3pm

8 MONO
(AÑOS: 1908, 1920, 1932, 1944, 1956, 1968, 1980, 1992, 2004)

De naturaleza creadora, y amigable. Les gusta resolver problemas. Son muy inteligentes y oportunistas. Algunas veces pueden ser morosos. Colores: rojo y rosado.
Hora: 3pm - 5pm

9 GALLO
(AÑOS: 1909, 1921, 1933, 1945, 1957, 1969, 1981, 1993, 2005)

Ingeniosos, trabajadores y talentosos. Algunas veces tienden a ser altaneros y orgullosos, ganándose el rechazo de familiares y amigos. Colores: Blanco.
Hora: 5pm - 7pm

10 PERRO
(AÑOS: 1910, 1922, 1934, 1946, 1958, 1970, 1982, 1994, 2006)

Honestos, leales, con gran sentido de la justicia. El Perro inspira confianza y realiza sus propósitos rápidamente. Son trabajadores incansables y siempre están a la defensiva. Colores: Blanco, gris y negro.
Hora: 7pm - 9pm

11 JABALI
(AÑOS: 1911, 1923, 1935, 1947, 1959, 1971, 1983, 1995, 2007)

Sensibles, bondadosos e indulgentes. A veces su indulgencia los lleva a la glotonería. Esta es su debilidad. Su carácter bondadoso hace que a veces se aprovechen de ellos. No se saben defender. Vacilantes e inseguros. Afortunadamente tienden a ser dichosos. Colores: Blanco, gris y negro.
Hora: 9pm - 11pm

RATON	OSO	TIGRE	LIEBRE	DRAGON	SERPIENTE	CABALLO	CABRA	MONO	GALLO	PERRO	JABALI
11pm-1am	1am-3am	3am-5am	5am-7am	7am-9am	9am-11am	11am-1pm	1pm-3pm	3pm-5pm	5pm-7pm	7pm-9pm	9pm-11pm
1900	1901	1902	1903	1904	1905	1906	1907	1908	1909	1910	1911
1912	1913	1914	1915	1916	1917	1918	1919	1920	1921	1922	1923
1924	1925	1926	1927	1928	1929	1930	1931	1932	1933	1934	1935
1936	1937	1938	1939	1940	1941	1942	1943	1944	1945	1946	1947
1948	1949	1950	1951	1952	1953	1954	1955	1956	1957	1958	1959
1960	1961	1962	1963	1964	1965	1966	1967	1968	1969	1970	1971
1972	1973	1974	1975	1976	1977	1978	1979	1980	1981	1982	1983
1984	1985	1986	1987	1988	1989	1990	1991	1992	1993	1994	1995
1996	1997	1998	1999	2000	2001	2002	2003	2004	2005	2006	2007
2008	2009	2010	2011	2012	2013	2014	2015	2016	2017	2018	2019
12 o 0 1	2	3	4	5	6	7	8	9	10	11	
SIGNOS AFINES											
TRINO				TRINO				TRINO			
	TRINO				TRINO				TRINO		
		TRINO				TRINO				TRINO	
			TRINO				TRINO				TRINO
PARALELO	PARALELO										
		PARALELO									PARALELO
			PARALELO							PARALELO	
				PARALELO					PARALELO		
					PARALELO			PARALELO			
						PARALELO	PARALELO				
CORRESPONDENCIAS:											
RATON	OSO	TIGRE	LIEBRE	DRAGON	SERPIENTE	CABALLO	CABRA	MONO	GALLO	PERRO	JABALI
AGUA	TIERRA	TIERRA	MADERA	MADERA	MADERA	FUEGO	TIERRA	TIERRA	METAL	METAL	METAL
NEGRO	AMARILLO	AMARILLO	VERDE	VERDE	VERDE	ROJO	AMARILLO	AMARILLO	BLANCO	BLANCO	BLANCO
NORTE	CENTRO	CENTRO	ESTE	ESTE	ESTE	SUR	CENTRO	CENTRO	OESTE	OESTE	OESTE
TORTUGA	SERPIENTE	SERPIENTE	DRAGON	DRAGON	DRAGON	FENIX	SERPIENTE	SERPIENTE	TIGRE	TIGRE	TIGRE
KAN	KEN/KUN	KEN/KUN	CHEN/SUN	CHEN/SUN	CHEN/SUN	LI	KEN/KUN	KEN/KUN	CHIEN/TUI	CHIEN/TUI	CHIEN/TUI

TABLA ASTROLOGICA CHINA
Signos astrológicos chinos, horas propicias y signos afines

VI

LOS ELEMENTOS Y LA PERSONALIDAD

En el universo todo está en movimiento. Las células de nuestros cuerpos están cambiando constantemente. También nuestros pensamientos y emociones. Nuestra personalidad se manifiesta en el exterior de acuerdo con el ambiente que nos rodea y según nuestro carácter. La personalidad es de naturaleza externa y se refleja de acuerdo con el momento. El carácter es de naturaleza interna y contiene la esencia de los elementos. Cada persona contiene cada uno de los atributos de los cinco elementos chinos, en cierta cantidad. El hecho de ser conscientes de la presencia en nosotros de estas fuerzas nos permitirá tomar decisiones mejores en nuestras vidas. La cantidad de cada elemento determina el equilibrio entre cuerpo y alma.

MADERA

Las personas con poca madera son muy calladas, sin opiniones, fáciles de convencer y guiar. Cuando el elemento madera está equilibrado la persona tiene un carácter fuerte pero al mismo tiempo su mente está abierta para oír las opiniones de otros. La excesiva madera hace a la persona inflexible, no escucha las opiniones de los demás, especialmente si no están de acuerdo con la suya. Estas personas son tercas y de cabeza muy dura.

Entre los síntomas físicos que se producen cuando existe un desequilibrio de este elemento están los mareos, dolores abdominales y dolores en las articulaciones de los huesos.

Para ajustar un desequilibrio originado por un exceso o una escasez de madera colocar tres plantas vivas, una dentro de la puerta principal de entrada a la casa, otra dentro de la puerta que conduce al salón y otra dentro de la puerta del dormitorio. Visualizar el elemento madera equilibrado y reforzar con los Tres Secretos durante 9 o 27 días.

FUEGO

Cuando la presencia del elemento fuego es baja la persona es débil a la hora de actuar o tomar decisiones y permite cualquier tipo de injusticia. El fuego equilibrado hace a la persona muy justa y diplomática, capaz para resolver conflictos y problemas en su familia y con sus amistades y asociados. Son buenos dirigentes. Cuando existe mucho fuego la persona es muy bulliciosa, crítica y de carácter muy volátil. Para ajustar desequilibrios de fuego (mucho o poco fuego) practicar la meditación del corazón. Practicar el ejercicio de la respiración a la luz de la Luna cuando haya mucho fuego y a la luz del Sol cuando el problema sea de falta o escasez.

Cuando existe una situación de desequilibrio en el elemento fuego se producen ciertos síntomas físicos, entre ellos depresión, problemas de circulación, problemas de corazón e insomnio.

TIERRA

Cuando existe poco elemento tierra en la personalidad, ésta se expresa como oportunista, envidiosa y egoísta. Si el elemento tierra está equilibrado la persona muestra un carácter sincero y bondadoso, inspirando mucha confianza. Cuando existe mucho elemento tierra la persona se entrega en demasía, regala todo lo que tiene y llega a extremos de sacrificio. Para ajustar el desequilibrio de la tierra (mucha o poca tierra) colocar nueve pequeñas piedras redondas en una vasija de barro, o cristal con agua. Escoja el color que más le guste. Coloque la vasija debajo de su cama. Visualice los elementos de la tierra. Refuerce con los Tres Secretos. Cambie el agua cada mañana y échela hacia afuera de la casa. Hágalo durante 9 o 27 días. Para darle más énfasis a este ejercicio y para cultivar el desarrollo de su profesión o carrera, agregue al agua una hojita verde.

El desequilibrio en el elemento tierra produce síntomas físicos como ulceras, problemas digestivos y excesivo deseo de comer dulces.

METAL

La personas con poco metal son tímidas, tranquilas y muy cautelosas. Son muy calladas y es difícil que dejen ver sus sentimientos. Si el elemento metal está equilibrado la persona habla lo apropiado, sabe como expresarse y es buen oyente. Mucho metal hace que la persona hable demasiado y diga cosas muchas veces sin pensar.

Cuando el elemento metal sea pobre es conveniente usar ropas de color amarillo. El color amarillo corresponde con el elemento tierra. La tierra crea los metales. Otra solución es el usar un anillo no metálico, colocarlo debajo del colchón (entre colchón y base de la cama) en el área que se corresponde con los hijos (metal), dormir con él durante nueve días. Después de los nueve días colocar este anillo en el dedo medio o en el meñique. Los hombres en la mano izquierda, las mujeres en la mano derecha. Refuerce con los Tres Secretos. Cuando el elemento metal es mucho es bueno usar el color rojo, que se corresponde con el elemento Fuego. El fuego derrite los metales. Otra solución es tragar saliva, tres veces, antes de hablar.

Algunos de los sintamos físicos relacionados con el desequilibrio del elemento metal son la coriza, los problemas bronquiales y la sequedad en la piel.

AGUA

Los chinos dividen al elemento agua en dos categorías. El agua estancada o tranquila y el agua en movimiento. El agua tranquila se interpreta como habilidad introspectiva o poder intuitivo. Aquellas personas que carecen de este aspecto son prácticamente inconscientes de sus capacidades psíquicas. El Ch'i no llega a su consciencia. Son ignorantes y de mente cerrada. Este tipo de persona no se preocupa por la sociedad, ni por lo que pasa en el mundo y sólo se concentra en su vida y sus problemas en el terreno personal. Quienes tienen este elemento en equilibrio son como un lago tranquilo y transparente, donde la luz solar refleja todo su esplendor en las profundidades. Son personas de mente clara y profunda, inteligentes e intuitivos, dedicados al trabajo espiritual. Cuando se posee este elemento en grandes proporciones la persona denota una inteligencia privilegiada, expansiva y dinámica, enfocada hacia el uso practico y material de las cosas. Para ajustar los desequilibrios usar el ejercicio de los espejos del Sol y la Luna, o colocar una vasija con agua debajo de la cama. Es necesario cambiar el agua cada mañana y exponer la nueva al sol durante una hora.

El elemento agua en movimiento se refiere al aspecto social y a los negocios. Cuando existe poco movimiento, la persona carece de movilidad y del deseo de comunicarse con los demás. Le gusta quedarse en la casa y no hacer vida de sociedad. Aquellas personas que tienen la proporción adecuada y equilibrada de agua en movimiento, son como un río cuya corriente corre a distintas praderas. Les gusta viajar y tener amistades duraderas. Las personas con mucha agua en movimiento son oportunistas, tratan de aprovecharse de todas las oportunidades, a veces sin escrúpulos, a fin de lograr sus intenciones.

Para equilibrar la presencia de mucha agua en movimiento, escriba nueve cartas cada día a nueve personas diferentes, durante 27 días, o llame a 9 personas con quienes no haya hablado en los últimos seis meses, hágalo cada día, durante 27 días.

En términos generales, una persona con poca agua es despreocupada, muy irresponsable y hace las cosas muchas veces sin pensar. Cuando el elemento agua está equilibrado la persona es sociable, y posee la capacidad para ser buen dirigente y emprendedor de proyectos y negocios. La gente con mucha agua son emocionales y exigentes, se enojan por cualquier crítica aunque ésta sea constructiva y suelen ser muy rencorosos.

Para armonizar el elemento agua podemos usar el método de los colores. Cuando el agua sea pobre usar colores oscuros, como el negro o el gris, también el blanco. El color blanco corresponde al elemento metal. El metal crea el agua. Tales colores estimulan la energía creadora de este elemento, armonizando el flujo del Ch'i. Cuando exista mucha agua, usar el color verde, que se corresponde con el elemento madera. La madera se nutre del agua. Los colores amarillos y ocres también ayudan a reducir el efecto que el elemento agua en demasía causa en la personalidad.

Los desequilibrios en el elemento agua producen problemas en los dientes, estados depresivos, melancolía, escalofríos y problemas en los oídos.

VII

FUNCIONES DEL CH'I

Toda acción humana afecta a la sociedad, a otros seres, al ambiente y a la persona que la realiza.

El Feng Shui reúne diferentes puntos de vista sobre la vida, aplicando métodos de las culturas hindu-budista y chino-confucionista, además de principios de la tradición y conocimientos recibidos del folklore, del sentido común y de la superstición.

Todo organismo viviente se mueve gracias a la fuerza vital o Ch'i. El Ch'i circula en distintos niveles o planos de existencia. Movemos los dedos, las manos y los brazos por el Ch'i. Nuestro cuerpo, sus órganos, tejidos y células vibran en sus respectivos ritmos por el Ch'i. Movemos nuestros pensamientos por el Ch'i. Percibimos el mundo externo por el Ch'i. Sentimos y nos emocionamos por el Ch'i. Si el Ch'i no se mueve en el corazón, ello significa ausencia de fuerza vital para sostener la vida. El Ch'i es diferente en cada ser. El Ch'i es el verdadero Ser.

Entre las distintas funciones del Ch'i podemos mencionar las siguientes:

1. El Ch'i ayuda al mantenimiento de la salud física y mental.
2. El Ch'i desarrolla las facultades mentales (memoria, razonamiento, visualización y concentración).
3. El Ch'i ayuda a las relaciones personales.
4. El Ch'i desarrolla las facultades psíquicas y espirituales.

Cada persona expresa el Ch'i en colores distintos, según sea su realización y sus sentimientos, del mismo modo que cada cristal refleja la luz de acuerdo a su forma, a su estructura, calidad y pureza.

Cuando el Ch'i no fluye debidamente se pueden presentar, entre otros los siguientes casos:

1. Ch'i Crítico.
2. Ch'i Soñador.
3. Ch'i de Bambú.
4. Ch'i Cohibido.
5. Ch'i Depresivo.
6. Ch'i Impulsivo.

Chi crítico

El Ch'i crítico se manifiesta cuando una persona es muy habladora, piensa que lo sabe todo y es propensa a discusiones y escándalos. Piensa que todo el mundo está en contra de él y que nadie lo aprecia. Todos sus problemas son causados por los demás. Su Ch'i emana en forma de flechas hacia el mundo que le rodea. **Solución:** Practicar el ejercicio de las Seis Palabras Verdaderas, 3 veces al día.

Ch'i soñador

El Ch'i soñador se manifiesta cuando la persona pierde el contacto con el aspecto práctico de la vida. Son personas muy vulnerables y fáciles de convencer. El Ch'i soñador puede transformase en Ch'i creador, si se refuerza el espíritu a través de las meditaciones adecuadas. **Solución:** Practicar el ejercicio de las Seis Palabras Verdaderas 9 o 27 veces al día.

Ch'i de bambú

El Ch'i de bambú hace a la persona inflexible, desconsiderada, demandante. Son personas que no tienen tiempo para nada ni para nadie, desorganizadas y propensas a perder la memoria y a padecer de insomnio. **Solución:** Colocar tres flautas de bambú en la cama, debajo del colchón. La flauta de bambú fortalece y protege el Ch'i espiritual, produce paz, disipa las energías negativas y eleva la fuerza vital. También sirve de ayuda en caso de problemas de nervios, insomnio y dolores de espalda.

Ch'i cohibido

El Ch'i cohibido se manifiesta con inseguridad y miedo a hablar y actuar. La persona suele ser propensa a ataques de nervios y a dolencias de tipo psicosomático. **Solución:** Usar la meditación de los Tres Secretos.

Ch'i depresivo

Cuando se manifiesta el Ch'i depresivo, la persona siente que su energía está completamente bloqueada y no encuentra alivio para sus sentimientos ni energía o dirección para enfrentar sus problemas, produciéndose un estado de derrota y desilusión. **Solución:** Colocar tres flautas de Feng Shui debajo del colchón y reforzar con los Tres Secretos.

Ch'i provocador

La persona tiene una energía agresiva y se expresa con un vocabulario hiriente y desagradable. Son gentes propensas a peleas, les gusta la crítica y también ejercer la autoridad abusando de los demás mediante la palabra o la acción. **Solución:** Colocar tres flautas chinas debajo del colchón de la cama y reforzar con los Tres Secretos.

Principios de la tradición para elevar el Ch'i

1. Instalar un espejo en el techo, sobre la cama.
2. Colocar tres flautas chinas debajo del colchón, para reforzar, aclarar y purificar el Ch'i.
3. Colocar la banda roja del zodíaco debajo del colchón durante nueve días, cuando se necesite ayuda para reuniones importantes o cuando se ayude a otras personas mediante el Feng Shui.
4. Para ajustar el Ch'i, pelar una naranja sacando nueve piezas circulares de piel. Romper cada una de las nueve piezas en pedacitos muy pequeños. Rociarlos después por cada una de las habitaciones de la casa. El aroma de la piel de naranja fortalecerá y ajustará el Ch'i del ambiente.
5. Pronunciar el mantra de las Seis Palabras Verdaderas, visualizando luz y amor.

VIII

ALGUNAS EXPERIENCIAS

En uno de mis viajes fui invitado a estudiar un apartamento ubicado en un alto edificio construido en la cumbre de una loma. El complejo de apartamentos se elevaba en forma de altas torres, simbolizando el elemento madera, con formas cilíndricas verticales, árboles creados por nuestra tecnología moderna. Debemos siempre recordar los consejos de la tradición. Uno de ellos se refiere a la selección del lugar a la hora de construir. La tradición sugiere la construcción de hábitats en las laderas de las lomas, con la pendiente siempre alineada con la parte posterior de la construcción. Esta ubicación provee seguridad, fortaleza y protección contra los elementos. Las construcciones situadas en la cima de lomas y montañas están sujetas a las inclemencias del tiempo, y generan cambios súbitos en la vida de sus ocupantes, operaciones repentinas y accidentes. Al llegar al apartamento revisamos la ubicación y la forma del edificio. Recordemos que en la escuela de las formas no tomamos en consideración el alineamiento de la construcción con respecto a los puntos cardinales, sino la posición de la Boca del Ch'i, o puerta de entrada principal. La Boca del Ch'i combina su influencia energética con la longitud de la pared alineada con la entrada. La Boca del Ch'i determina el misterio de la vida misma, pues simboliza la entrada de la vida, de la fuerza universal o Ch'i en la casa. La vida siempre se manifiesta a través del agua.

Analicé el contorno y noté que la cocina y uno de los cuartos se encontraban fuera de las líneas de armonía o Ba-Gua. Todos los apartamentos ubicados en el mismo lado tenían un diseño similar. Informé a los dueños del apartamento sobre dicho conflicto indicándoles que cualquier miembro de la familia que usara aquella habitación estaría expuesto a cambios súbitos en su vida o podría dejar la casa por distintas razones. Mientras hacía estas recomendaciones observé que el semblante de los dueños del apartamento palidecía. La habitación estaba siendo ocupada por su hijo menor. Nos contaron que el muchacho estaba constantemente deprimido y que mantenía el cuarto siempre a oscuras. Pero el motivo de su preocupación era aun mayor. Unos días antes, una hija suya de 17 años que vivía también con ellos había perdido a su novio en un accidente. El muchacho vivía en un apartamento del mismo edificio y diseño similar, unos pisos más abajo, ocupando precisamente una habitación semejante a la mencionada.

Este tipo de distribución energética afecta a la vida de sus ocupantes de diferentes maneras. En este caso una familia pasó por la triste experiencia de perder un hijo, pero ello no significa que siempre ocurra lo mismo. Las habitaciones ubicadas fuera de las líneas de armonía pueden usarse como oficina, o bien para actividades que no tengan nada que ver con la familia o con la casa.

Para resolver este tipo de conflictos es recomendable la integración de la energía de la habitación afectada con el resto de la casa. Se puede instalar un espejo, dentro del Ba-Gua, en una pared que dé frente a la habitación, reforzando con los tres secretos.

En otra ocasión, al llegar a una residencia, noté la discordia que existía entre dos niñas pequeñas que vivían en la casa. La niñas tenían respectivamente 6 y 7 años y estaban discutiendo. La madre me expresó que desde que se habían mudado a la casa, hacia aproximadamente un año, las relaciones entre las niñas eran muy difíciles y que anteriormente se llevaban muy bien y no discutían. Los practicantes de Feng Shui deben estar siempre conscientes de todos los detalles existentes en un ambiente. Las formas, los colores, los olores, los sonidos, las superficies, los alrededores, los adornos, los muebles, el ambiente en general y los miembros de la familia manifiestan el estado de la energía, o espíritu del lugar. Pequeños detalles producen a veces grandes resultados. Como dice el Maestro Lin Yun: "Una pequeña adición, desvía y transforma emanaciones y situaciones adversas, equivalentes a miles de toneladas." Debemos observar y estar conscientes de los más pequeños detalles en la decoración de una casa.

Al llegar a la pared del cuarto de las niñas, noté dos cuadros colgados cerca de la puerta de entrada. Cada cuadro tenia una fotografía, a color, de una de ellas. Las fotos habían sido tomadas con las caras de las niñas mirando hacia un costado. Al colgarse los cuadros sus caras miraban en direcciones opuestas, produciendo una impresión de separación. Debemos siempre recordar que el Ch'i, fluye de acuerdo con las formas, los colores y los sonidos. Sugerimos cambiar la posición de los cuadros, el que estaba a la derecha hacia la izquierda y viceversa. De esta manera las niñas se estaban mirando. Otros cuadros que había en el salón mostraban pinturas de personas y paisajes. Las personas caminando en dirección a la calle. Cambiamos también los cuadros, de forma que las personas representadas en ellos caminando, se dirigieran hacia "dentro de la casa." Semanas después, mis amigos me llaman para decirme que las niñas habían dejado de discutir. ¿Fue el cambio de los cuadros, o los realizados en la ubicación de los muebles?

El Ch'i es energía vitalizante que fluye a través de los caminos del tiempo y del espacio. La vista de vegetación y agua a través de puertas y ventanas hace que el Ch'i que entra en una casa salte o salga por una de estas aberturas, hacia tales formas y expresiones de vida. El agua es el elemento a través del cual se manifiesta la vida y es un gran imán para el Ch'i. Las casas o apartamentos ubicados cerca del mar, están sujetos a esta circunstancia. El Feng Shui nos facilita métodos sencillos para equilibrar el ambiente y la energía y crear de este modo un lugar donde el Ch'i se sienta bien, un lugar de armonía. La energía del mar se atrae con espejos. Los espejos colocados frente a la fuente de atracción traen esta fuente dentro del ambiente que se desea armonizar. equilibrando así las energías de dentro con las de fuera.

Cuando hay mucha vegetación fuera de la casa, es conveniente colocar en el interior de la misma plantas y cuadros de paisajes. Debemos usar nuestro conocimiento de los principios de la tradición y principalmente nuestra intuición. No olvidemos que para decorar un lugar podemos usar las nueve adiciones menores, los principios de la tradición y los métodos trascendentales, pero lo principal, como nos recuerda siempre el Maestro Thomas Lin Yun, es que debemos prestar gran atención a nuestro ser interno, que se comunica con nosotros en un lenguaje íntimo y sutil, a través de la intuición.

Quienes estén interesados en conocer más acerca del legendario arte chino del Feng Shui, pueden dirigirse a alguna de las siguientes direcciones:

Templo de Lin Yun
2959 Russell Street
Berkeley, CA 94705
Tel 510-841-2347
Fax 510-548-2621

The Fairy's Ring
73 Merrick Way
Coral Gables, FL 33134
Tel 305-446-9315
Fax 305-448-5956

Katherine Metz
1015 Gayley Ave., #1218
Los Angeles, CA 90024
Tel 310-208-5282
Fax 310-208-3887

Melanie Lewandowski
P.O. Box 536
New Hope, PA 10938-0536
Tel 215-633-0589

The Feng Shui Warehouse
1130 Scott Street
San Diego, CA 92106
Tel 800-399-1599
619-523-2158
Fax 619-523-2169

Juan M. Alvarez
P.O. Box 650367
Miami, FL 33265
Email: fengshui@fengshuicom.net
Website: fengshuicom.net

Referencias

Feng Shui: The Chinese Art of Placement. Sarah Rossbach.

Interior Design with Feng Shui. Sarah Rossbach.

Living Colors. Master Ling Yun and Sarah Rossbach.

Art of Placement. Katherine Metz.

Phoenix Design. Melanie Lewandowski.

Feng Shui for the Home. Evelyn Lip.

Feng Shui for Business. Evelyn Lip.

The Feng Shui Handbook. Derek Walters.

The Living Earth Manual of Feng Shui. Stephen Skinner.

Planets in Localitiy. Steve Cozzi.

Indice

APENDICE

LA RUEDA DE LAS OCHO PUERTAS

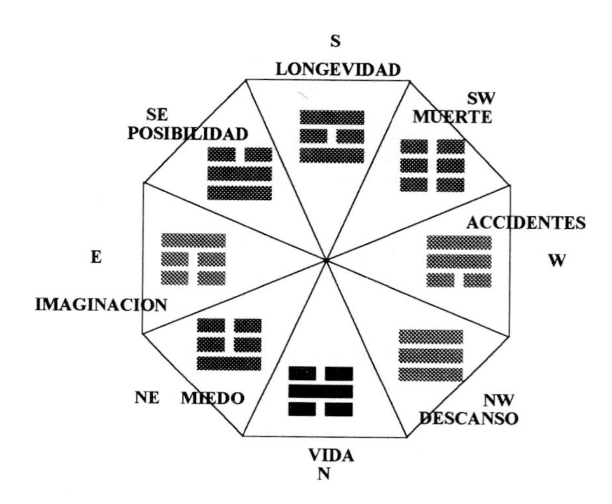

El método transcendental de la Rueda de las Ocho Puertas es usado para aclarar y reforzar el Chí de un lugar. Es un método de visualización que consiste en imaginar dos ruedas octagonales, una fija y otra rotando. Recordemos que cada rueda consiste de ocho sectores, o trigramas. La rueda superior en movimiento rota en una sucesión de ocho situaciones. Estas situaciones están vinculadas a eventos que pudieran manifestarse en el habitat. Cada una de estas situaciones está vinculada con uno de los ocho presagios enseñados en la Escuela de la Brújula. La Escuela de las Formas es de naturaleza artistíca y espiritual y su filosofía se basa en la aplicación de métodos tradicionales y transcendentales para crear espacios de armonía.

La rueda en movimiento da vueltas en ocho situaciones: vida, accidente, imaginación, experiencia, muerte, miedo y descanso. De estas situaciones, la vida es buena, la muerte la menos deseada. La situación de descanso, significa dejar que las cosas pasen, con lo cual pueden suceder eventos adversos que tal vez conviertan lo bueno en malo. La imaginación es una situación vinculada con la facultad creativa, donde se transmutan los elementos negativos en positivos, lo malo en bueno. El ajuste consiste en traer vida a todas las situaciones, o sectores del habitat, transmutando toda la energía en luz, vida y amor.

Al entrar en la casa o habitación imagine dos octágonos, uno fijo y otro rotativo. Cuando entre en la casa trate de sentir que la situación de vida coincida con usted, en la puerta de entrada. Antes de dar el primer paso sienta la energía del octágono. Si la situación de vida es la que le impresiona, dé el primer paso. Después visualice el resto de las situaciones y muévalas hacia la entrada, donde se encuentra la vida. Otra forma de traer vida a todas las situaciones es usando el Trazado de las Nueve Estrellas. Visualizando la situación de vida, nos movemos al sector de la familia y comenzamos el trazado de las nueve estrellas, llevando luz, vida y amor a todas las situaciones del octágono, a través de los trigramas del Ba-Gua.

LAS SITUACIONES DE LA RUEDA DE LAS OCHO PUERTAS Y LA TEORIA DE LAS PREDICCIONES.

Explicamos a continuación, brevemente, el significado que cada dirección, o ubicación de un habitat, tiene con respecto a la ***Teoría de las Prediciones, Escuela de la Brújula***, y sus relaciones con el método transcendental de la ***Rueda de las Ocho Puertas, Escuela de las Formas.***

Los significados que abreviadamente se describen mas abajo, de acuerdo con la tradición se derivan de la energía relativa de las "direcciones" (dependiendo de la escuela: puerta principal, puerta del fondo, o trigrama personal). En libros escritos por maestros de Feng Shui, refieren que: "las conjunciones de los trigramas para cada dirección del entorno con aquellos del edificio mismo dan por resultado los -ocho presagios- enunciados más abajo. La forma en que los presagios se aplican a cada dirección, de acuerdo con diferentes métodos de la Escuela de la Brújula, no sigue un modelo inmediatamente aparente, dado que derivan de la interacción de las secuencias Primera y Ultima". La Teoría de los Presagios es la más misteriosa de todas las teorías del Feng Shui, especialmente, de la Escuela de la Brújula. Esta teoría se origina de la tradición, distribuyendo los ocho trigramas en dos grupos de cuatro: el Grupo Este, con los trigramas Chen y Hsun (madera) uniendo los trigramas Li (fuego) y Khan (agua) hacia el Este; y el Grupo Oeste: con los trigramas Ken(tierra), Khun (tierra), Twei y Chien (metal) unidos hacia el Oeste. Cada uno de los dos grupos de 4 trigramas, se subdive a su vez en dos grupos de 2 trigramas: Norte (trigramas viejos) y Sur (trigramas jóvenes).

TEORIA DEL ESTE Y EL OESTE

	GRUPO ESTE		GRUPO OESTE	
1ER HIJO CHEN	☳	GRUPO VIEJO NORTE	☰	PADRE CHIEN
1A HIJA HSUN	☴		☷	MADRE KHUN
2DO HIJO KHAN	☵	GRUPO JOVEN SUR	☶	3R HIJO KEN
2A HIJA LI	☲		☱	3A HIJA TUEI

Las relaciones geométricas, a través de líneas horizontales, inclinadas y verticales, uniendo los trigramas, muestran una conección lógica entre éllos, que explican las situaciones del método trascendental de la Rueda de las Ocho Puertas (Escuela de las Formas) y la Teoría de los Ocho Presagios (Escuela de la Brujula). A continuación algunos aspectos de la Teoría de la Geometría Sagrada de los Trigramas con sus aplicaciones a las Escuelas de las Formas y la Brújula. Esta teoría fué desarrollada durante mi viaje al Tibet. En este apéndice presento parte de la Teoría Geométrica, que explica las relaciones que manifiestan los ocho presagios de la tradición. Explicación detallada de esta teoría, incluyendo formulas para calcular trigramas del habitat y trigramas personales, se encuentra en el libro: "El Significado Místico del Feng Shui" (en publicación).

DIRECCIONES PROPICIAS

POSIBILIDAD - SHENG CHI, VITALIDAD Ó EL ALIENTO GENERADOR (SC)

Sheng Chi es el sector más propicio de un habitat, es la mejor dirección o localización de una casa u oficina. De acuerdo con la tradición atrae suerte, fortuna, prosperidad y una familia grande. Es el mejor séctor para dormir o trabajar, especialmente aquellas personas que desean llegar a ocupar una posición honorable en la vida. Esta es un área que ocupa la posición más creativa de las relaciones energéticas de las direcciones, en la Escuela de la Brújula. Area muy apropiada para planeamiento y diseño de proyectos. También área apropiada para descanso y meditación, donde la armonía de esta zona estimula la naturaleza creativa a través de la intuición. De acuerdo con la tradición, la mejor posición de una puerta es en este sector.

El sector "Sheng Chi" es indicado como "Posibilidad" en el método transcendental de la "Rueda de las Ocho Puertas", Escuela de las Formas. La relación geométrica del sector "Posibilidad" está definida por el hexágrama formado por el trigrama del Ba-Gua Espiritual (Fu Hsi Ba-Gua), Khan, superior, y el trigrama del sector de "Posibilidad": Chen, inferior. Esta comibinación está representada por la línea vertical larga, enlazando un trigrama Yang con un trigrama Yin, del mismo Grupo (Este ú Oeste) y diferentes Sub-Grupos (Norte, Sur).

El ejemplo gráfico se muestra al final de la sección próxima (Imaginación).

IMAGINACIÓN - TIEN YI, FORTUNA Ó LA MÓNADA CELESTIAL (TY).

Tien Yi, Mónada Celestial, Tao ó Doctor del Cielo, representa la segunda áerea o dirección propicia de un lugar. Una zona estimulante y favorable para ubicar actividades importantes, departamento de ventas, embarque de mercancías, cobro de cuentas, operaciones de caja bancaria, y toda materia que contribuya a la salud financiera y de relaciones personales en los negocios. Esta zona se considera de suerte. Este sector, de acuerdo con la tradición, es excepcional para ayudar el restablecimiento de personas enfermas o de personas que padecen de males crónicos. Es propicio para la salud de la familia instalar la estufa de la cocina en este sector. Se recomienda que la boca de suministro energético ó toma eléctrica (Boca del Chí) alineada con la dirección de Tien Yi.

El área de Tien Yi está representada como "Imaginación" en el método transdental de la "Rueda de las Ocho Puertas", Escuela de las Formas. La relación geométrica del sector "Imaginación" está definida por el hexagrama formado por el trigrama del Ba-Gua Espiritual, Khan, superior, y el trigrama del sector de "Imaginación": Hsun, inferior. La relación geométrica está representada por la línea vertical mediana, enlazando dos trigramas Yang , ó dos trigramas Yin, del mismo Grupo (Este, Oeste) y diferentes Sub-Grupos (Norte,Sur).

SHENG CHI (SC) ALIENTO GENERADOR (POSIBILIDAD)
Y TIEN YEN (TY) DOCTOR DEL CIELO (IMAGINACION)

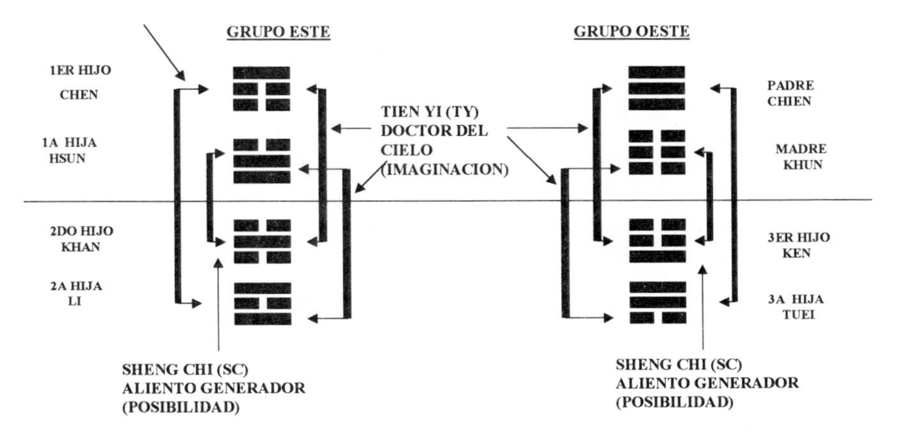

EXPERIENCIA - NIEN YEN, LONGEVIDAD (NY)

Nien Yen, el tercero, entre los cuatro lugares positivos de un habitat. Nien Yen, de acuerdo con la tradición es larga vida y relaciones de armonía matrimoniales y familiares, hijos ricos. Area que refleja energía positiva que manifiesta prosperidad permanente. Areas que pueden ser usadas para administración o gerencia de empresas, o para actividades que influyen en el éxito y progreso de los negocios, tales como oficinas de contabilidad, supervisión, etc. Maestros de Feng Shui recomienda utilizar esta área para armonisar, unir, miembros de la familia, debido a la energía de esta dirección, la cual alimenta la calidad de vida, relaciones y comunicaciones entre pesonas. Esta área, de acuerdo con la tradición, sana diferencias de personalidads y problemas familiares. Dificultades matrimoniales pudieran aliviarse, mejorarse y resolverse ubicando la habitación de dormir en este sector de la casa.

Nien Yen corresponde con el área "Experiencia" indicada en el método transcendental de la "Rueda de las Ocho Puertas", Escuela de las Formas. La relación geométrica del sector "Experiencia" está definida por el hexágrama formado por el trigrama del Ba-Gua Espiritual, Khan, superior, y el trigrama del sector de "Experiencia": Li, inferior. La relación geométrica está representada por la línea corta vertical, enlazando un trigrama Yang con un trigrama Yin, del mismo Grupo (Este u Oeste) y mismo Sub-Grupo (Norte, Sur).

NIEN YEN (NY) LONGEVIDAD (EXPERIENCIA)

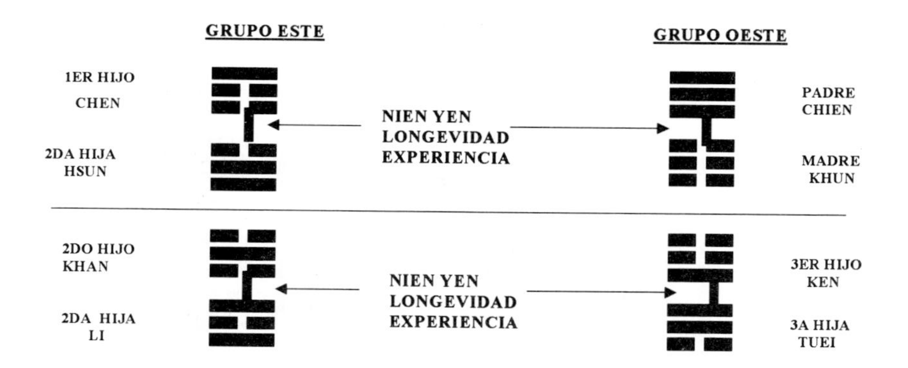

VIDA - FU WEI, VIDA (FW)

Fu Wei, la cuarta, entre las mejores áreas de un habitat. El área de la vida esta relacionada con la dirección de la puerta principal. La vida entra por la puerta principal, o como se conoce en la Escuela de las Formas: "Boca Del Chí". Es una dirección muy propiciapara alcanzar la paz y la armonía, que produce calidad de vida, en la familia y los negocios. Esta zona debe honarse con adornos u objetos decorativos que estimulen la vida y reflejen elemento agua.

El sector de Fu Wei corresponde con el área de la "Vida" indicada en el método transcendental de la "Rueda de las Ocho Puertas", Escuela de las Formas. La relación geométrica de la "Vida" se establece entre el trigrama del Ba-Gua Espiritual, Khan, superior, y el trigrama de la entrada, Khan. Esta combinación forma un hexagrama, y en la Teoría de la Geométria Sagrada de los Trigramas, se representa por la armonía del círculo espiritual y significa "Vida".

FU WEI (FW), VIDA PLACENTERA
(VIDA)

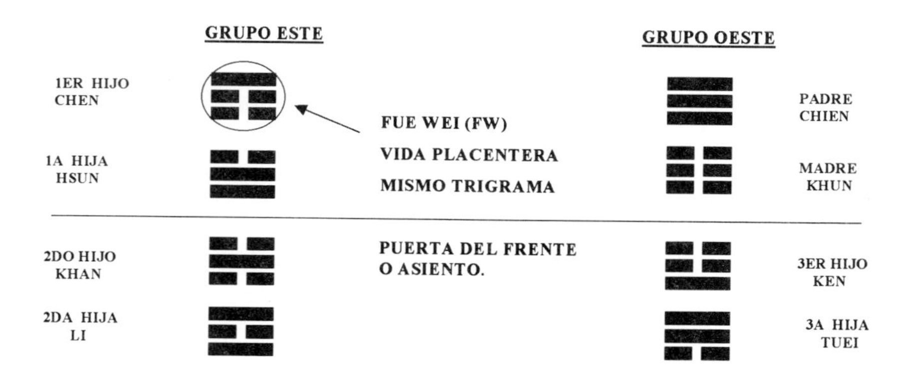

DIRECCIONES NO PROPICIAS

MUERTE - CHUE MING, MUERTE Ó DOLOROSO DESTINO (CM)

Chue Ming es la peor localización en un habitat. Esta es la zona de más cuidado o peligro en los negocios, como también en las casas. Chue Ming, de acuerdo con la tradición, pudiera ser causa de pérdida total de bienes, familia y salud. Se aconseja el tratar de evitar, a cualquier costo, este sector. Se debe evitar todo tipo de actividad que implique riesgo físico en esta área. Esta zona puede ser utilizada para guardar suministros e inventarios. Los practicantes de Feng Shui siempre miran con cuidado esta dirección y sugieren diseñar baños en esta área para disipar la influencia negativa de la energía que produce Chue Ming en el habitat. También se recomienda instalación de la cocina en esta área, cuidando que la estufa esté alineada en una dirección propicia.

Chue Ming corresponde con el área de "Muerte" indicada en la la Rueda de las Ocho Puertas, Escuela de las Formas. La relación geométrica del sector "Muerte" está definida por el hexagrama formado por el trigrama del Ba-Gua Espiritual, Khan, superior, y el trigrama del sector de "Muerte": Khun, inferior. Esta combinación está representada por la línea inclinada (cruz grande) conectando un trigrama Yang, con un trigramas Yin, diferentes Grupos (Este con Oeste) y Sub-Grupos (Norte, Sur)

CHUEH MING - PÉRDIDA TOTAL Y MUERTE

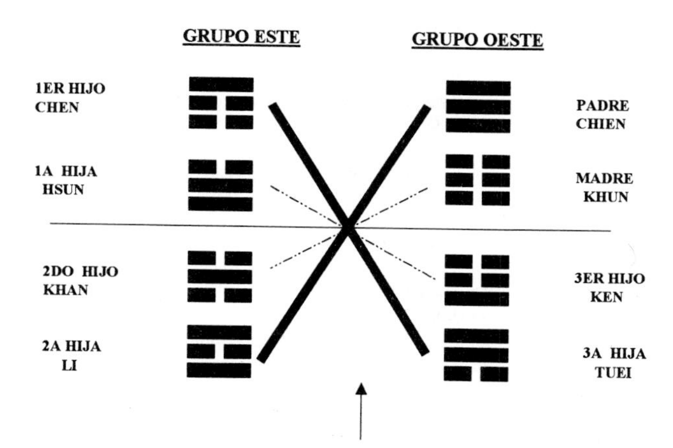

CHUEH MING (CM) PÉRDIDA TOTAL Y MUERTE (MUERTE)

DESCANSO - LUI SHA, LAS SEIS MALDICIONES, LOS SIETE DIABLILLOS (LS).

Lui Sha, las Seis Maldiciones, es presagio de influencias negativas que producen frustación y sentimientos depresivos. Lui Sha es la tercera peor posición. Es un lugar de mala suerte. Esta dirección relativa de acuerdo con la tradición produce, conflictos, discusiones, peleas, problemas legales, enemigos públicos, traiciones, pérdida de oportunidades en trabajo o negocios. No es energía apropiada para negociar actividades financieras, o sea, no un lugar para oficina de gerente o administrador. Este sector pudiera causar problemas financieros. Demandas, problemas legales, accidentes, pudieran grabitar frecuentemente en la familia y los negocios; en ocasiones estos problemas pudieran ser causa de enfermedades crónicas y muerte. Estas áreas pueden ser usadas para guardar inventarios o suministros de oficina, copiadoras, etc. Un hinodoro en este sector disminuye y debilita el efecto negativo de Lui Sha.

Lui Sha corresponde al área "Descanso" en el método transcendental de las Ocho Ruedas, Escuela de las Formas. La situación de descanso no es buena, significa dejar que las cosas pasen, con lo cual pueden suceder eventos adversos que tal vez conviertan lo bueno en malo. La relación geométrica del sector "Descanso" está definida por el hexágrama formado por el trigrama del Ba-Gua Espiritual, Khan, superior, y el trigrama del sector de "Descanso": Chien, inferior. Esta combinación está representada por la línea inclinada conectando dos trigramas Yang, o dos trigramas Yin, diferentes Grupos (Este con Oeste) y Sub-Grupos (Norte, Sur)

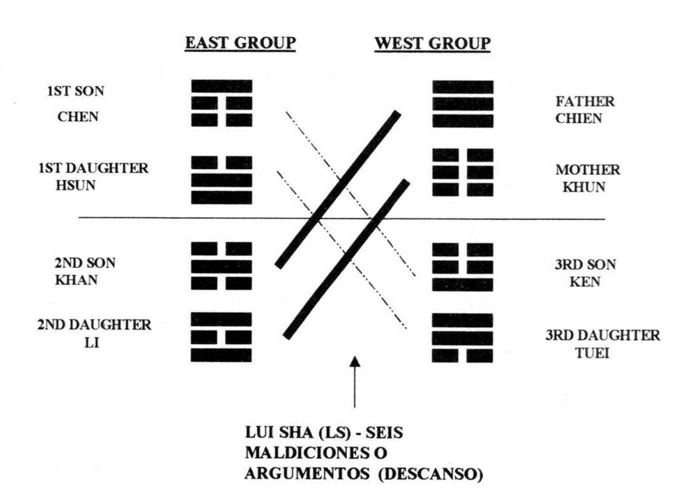

MIEDO - WU KUEI, ESPÍRITU Ó LOS CINCO FANTASMAS (WK).

Area espiritual que se relaciona a la energía de los ancestores. Similar al área de la familia en la Escuela de las Formas. Area adecuada para honrar el espíritu de ancestores o personas que han pasado transición. Area apropiada para meditar pedir la ayuda y cooperación de entidades espirituales. El área de los Cinco Fantasmas pudiera ser utilisada para meditación y reflexion espiritual, siempre, cuando se honra la energía que la misma representa. Esta dirección o ubicación es la segunda de las peores posiciones energéticas en un habitat, no recomendable como habitación de dormir. Esta dirección relativa pudiera producir debilidades emocionales y nerviosas en la persona, que pudieran producir intranquilidad e inestabilidad en el espíritu de una pesona, y llevarla a estados depresivos. Una puerta o posición en esta predicción pudiera ser causa de robos, incendio y en algunos casos problemas con el niño mas pequeño de la familia. La influencia de Wu Kuei se caracteriza también por la posibilidad de enemigos ocultos, incomprensión entre miembros de la familia, amigos, compañeros de trabajo. Es un área de mala suerte. Una de las formas para ajustar o suprimir el efecto negativo de Wu Kuei es el de colocar un hinodoro en este lugar.

Wu Kwei corresponde al área del "Miedo" en el método transcendental de la Rueda de las Ocho Puertas, Escuela de las Formas. La relación geométrica del sector "Miedo" está definida por el hexagrama formado por el trigrama del Ba-Gua Espiritual, Khan, superior, y el trigrama del sector de "Miedo": Ken, inferior. Esta combinación está representada por la línea horizontal, conectando dos trigramas Yang, o dos trigramas Yin, diferentes Grupos (Este con Oeste)

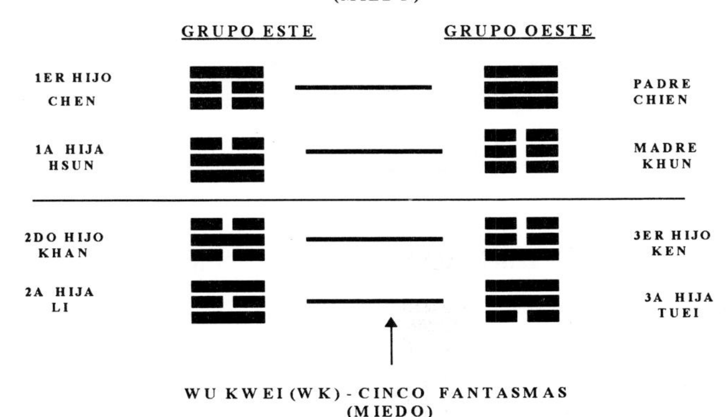

ACCIDENTE - HO HAI, ACCIDENTES Ó ACCIDENTE Y DESGRACIA (HH).

Ho Hai es la cuarta entre las peores direcciones o posiciones en un habitat. Esta dirección relativa es de cuidado y pudiera producir accidentes o cambios súbitos en la vida de la persona. El uso de esta área pudiera afectar la economía o ser causa de pérdidas de amistades o casos legales. Esta es el área más expuestas a accidentes en la relatividad energética de las direcciones. Debe evitarse actividades riesgosas en esta área. Es recomendable no colocar objetos, maquinarias, o equipos peligrosos, sin tomar precauciones, en el área que corresponda a Ho Hai. Esta área puede ser utilizada como almacén.

El área de "Ho Hai" corresponde con el área de "Accidente" indicada en el método transcendental de la "Rueda de las Ocho Puertas", Escuela de las Formas. La relación geométrica del sector "Accidente" está definida por el hexagrama formado por el trigrama del Ba-Gua Espiritual, Khan, superior, y el trigrama del sector de "Accidente": Tui, inferior. Esta combinación está representada por la línea inclinada (cruz pequeña) conectando un trigrama Yang, con un trigramas Yin, diferentes Grupos (Este con Oeste), similar Sub-Grupo (Norte ó Sur).

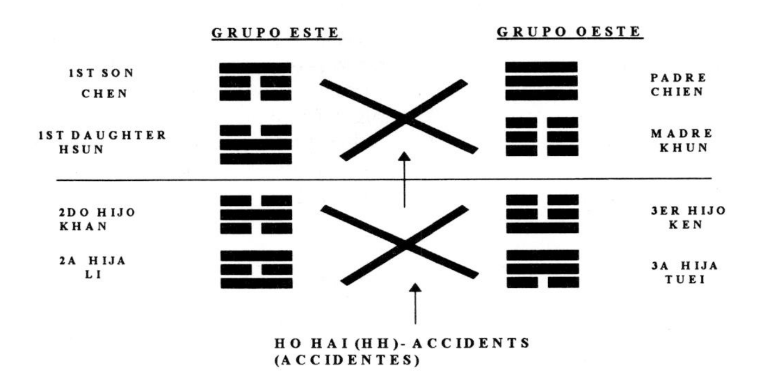

La Geometria de los Trigramas del I-Clhing

La Teoria de los Presagios del Feng Shui se deriva de los trigramas y las direcciones. La Teoria de la Geometria de los Trigramas explica a traves de las relaciones geometricas de los trigramas, donde, o en que direccion se encuentra cada uno de los presagios. Esta relacion geometria es funcion del trigrama determinado por la puerta principal (independiente del metodo utilizado, puerta del frente, puerta del fondo) o trigrama personal).

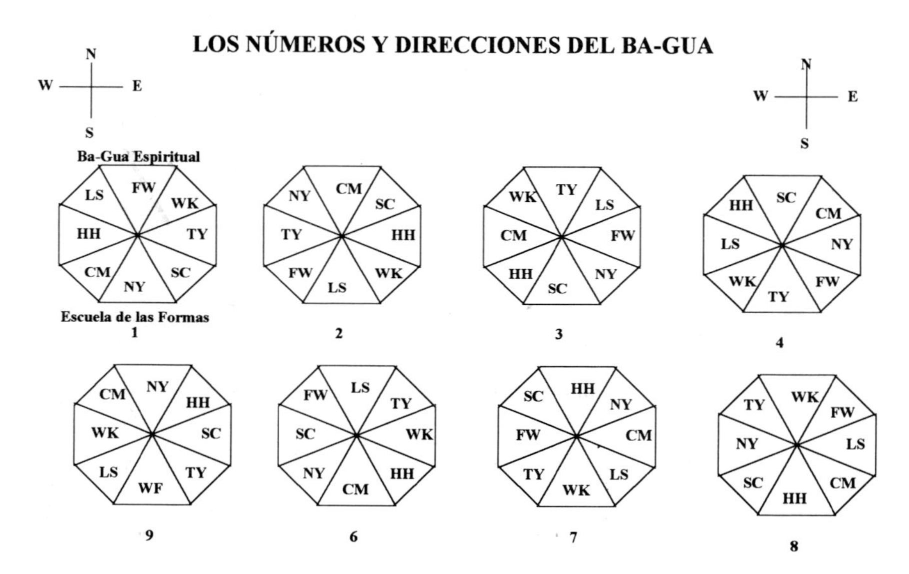

Despues de escoger el trigrama del habitat, este se relaciona con cada uno de los trigramas de las direcciones del habitat, formando un hexagrama. El trigrama superior es el trigrama del habitat, el trigrama inferior es el trigrama determinado por cada una de las ocho direcciones de la brujula. Las líneas que conectan los trigramas del hexagrama, en base a la distribución Este y Oeste, determina la situación ó presagio en cada dirección del habitat.

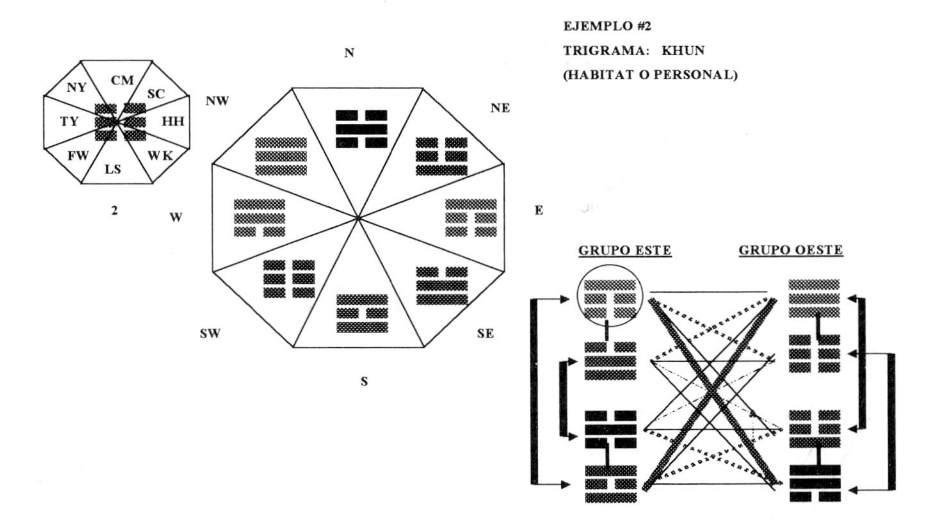

Utilizando el metodo geometrico no es necesario el uso de las tablas convencionales para determinar cada uno de los presagios, solamente se dibujan las relaciones geometricas. Lineas verticales y el circulo conectando dos trigramas del mismo Grupo siempre presentan relaciones propicias, o direcciones propicias. Lineas inclinadas u horizontales conectando dos trigramas de distintos grupos siempre producen presagios no-propicios, o direcciones no propicias.

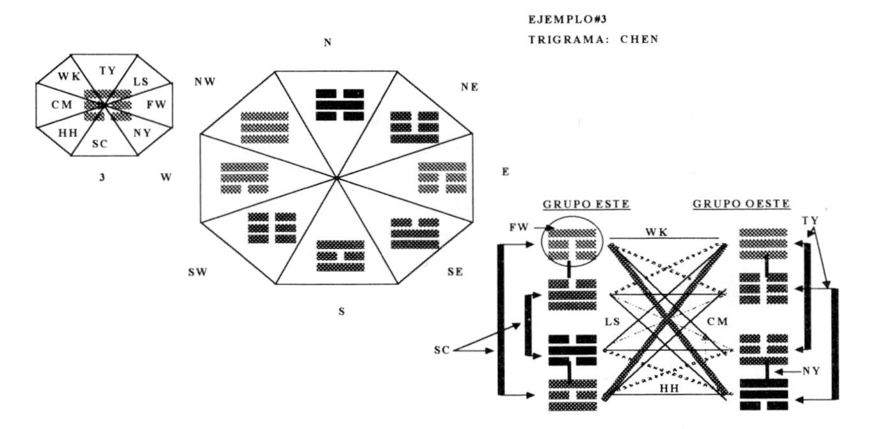

El metodo trascendental de la Rueda de las Ocho Puertas, de la Escuela de las Formas, siempre utiliza a Khan, como Trigrama del Habitat. La naturaleza espiritual de la Escuela de las Formas determina que la vida siempre se manifiesta a traves del liquido agua, y por ello la puerta de entrada a un habitat o edificio, siempre se encuentra ubicada en la linea del agua. El trigrama Khan.